365 blagues

Tome 2

pour les enfants à partir de 7 ans

Éditions Hemma

Aussi incroyable que cela puisse paraître, Fabrice Lelarge est instituteur ! Ses élèves, habitués à ses blagues et à ses farces, sont sans aucun doute les enfants les plus souriants de toute l'école ! Auteur chez Hemma depuis 1999, ses récits sont toujours empreints d'humour et de tendresse...

Ses grands frères aimaient *Le Petit Nicolas* de Sempé. C'est pourquoi ils demandèrent à leurs parents d'appeler le petit dernier, Nicolas (Nicolaz en breton), lequel, depuis qu'il est tout petit, dessine, dessine, dessine...

Quand on ne sait rien faire, on se met par dépit à dessiner.
C'est ce que François Ruyer a fait très tôt. Déjà tout petit, il griffonnait dans les marges de son cahier, au grand désespoir de ses maîtres. Depuis bientôt douze ans qu'il sévit dans l'univers impitoyable du livre, combien d'enfants a-t-il fait rêver ?

« J'ai toujours eu une passion pour le dessin. Depuis mon enfance je suis un fervent amateur de bandes dessinées. J'ai appris à lire avec Tintin, Gaston Lagaffe. C'est tout naturellement que je me suis dirigé plus tard vers des études artistiques. Mes études terminées, j'ai commencé à collaborer avec les Éditions Hemma. »
Vincent Poensgen

Voilà ce qui arrive lorsque l'on ne travaille pas bien à l'école et que l'on dessine sur les tables en classe : Frédéric TESSIER illustre pour la presse et l'édition...

365 blagues

Tome 2

pour les enfants à partir de 7 ans

Éditions Hemma

Lors d'une tempête de neige à la montagne, un touriste s'égare.
Il aperçoit une petite cabane en bois et va frapper à la porte :
– 'Y a quelqu'un ?
– Oui, répond un petit garçon.
– Ton papa est là ?
– Non, il est sorti quand je suis entré.
– Et ta maman ?
– Non, elle est sortie quand papa est entré.
– C'est étrange ! Vous n'êtes donc jamais ensemble, dans cette famille ?
– Si, mais pas ici, monsieur. Ici, c'est les cabinets !

Histoire drôle

1

Janvier

Janvier

Le papa de Valérie déblaie la neige de l'allée, et la petite fille s'amuse à l'imiter. À force de creuser, elle trouve un bout de pelouse.
– Papa ! crie-t-elle. J'ai retrouvé l'été !

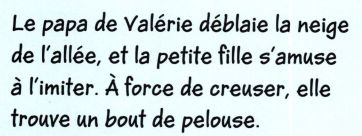

– Docteur, je perds la mémoire !
– Ah ? Et depuis quand ?
– Depuis quand quoi ?

Un prisonnier dit à son compagnon de cellule :
- Franchement, si j'avais écouté ce que me disait ma mère, je ne serais pas en prison aujourd'hui.
- Et que disait-elle ?
- Je ne sais pas, puisque je n'ai pas écouté !

En rentrant de l'école, Élodie dit à sa mère :
- La maîtresse nous a dit qu'il fallait trois moutons pour faire un pull.
- Ah ! dit la maman, je ne savais pas que les moutons pouvaient tricoter !

6

Janvier

Un fou écrit une lettre.

– À qui écrivez-vous, lui demande un docteur.

– Je m'écris à moi.

– Ah ? Et qu'est-ce que vous vous écrivez ?

– Bah, je ne sais pas, dit le fou, je ne me suis pas encore envoyé la lettre, alors je ne l'ai pas encore reçue !

7

Janvier

Le juge gronde un voleur qui est arrêté pour la dixième fois :

– Encore vous ? Je croyais vous avoir dit que je ne voulais plus vous voir !

– Mais, m'sieur le juge, c'est ce que j'ai dit au policier qui m'a arrêté, mais il n'a pas voulu me croire !

Dans un magasin d'animaux, une dame demande :
- Bonjour ! Je voudrais acheter une cage pour un poisson.
- Une cage ? Mais non, pour les poissons, on prend un aquarium, ou un bocal.
- Bon ! Alors, donnez-moi une cage-bocal.
- Une cage-bocal ? Mais c'est pour quel animal ?
- Pour un poisson volant.

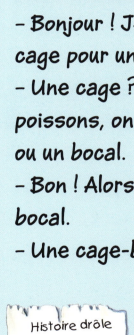

Histoire drôle

8
Janvier

Une sorcière volant sur son balai croise une sorcière qu'elle n'avait pas vu depuis longtemps.
- Tu as encore un balai ? demande celle-ci en se moquant. Il serait peut-être temps d'évoluer un peu ! Moi, ça fait un an que j'ai un aspirateur !

Histoire drôle

9
Janvier

10

Janvier

Un homme très musclé prend le train et demande à son voisin :

– Ça va ?

– Euh... oui, très bien, merci.

– Vous n'êtes pas trop secoué ?

– Mais... non, non, ça va, je vous assure.

– Et la fenêtre ouverte ? Vous ne sentez pas de courants d'air ?

– Euh... non, c'est parfait.

– Alors, sortez de là et donnez-moi votre place !

INFO : il y a trois sortes de personnes :

1. Celles qui savent compter.

3. Celles qui ne savent pas.

11

Janvier

Histoire drôle

12

Janvier

Devinette

13

Janvier

Deux poules se promènent dans la forêt. Une bogue tombe d'un châtaignier.

- Regarde comme il est beau ! dit l'une d'elles.

- Qu'est-ce que c'est ? dit l'autre.

- C'est un œuf de hérisson !

Quand est-ce que ça porte malheur de croiser un chat noir ? (Quand on est une souris...)

Un touriste discute avec un fermier.

- Combien de litres de lait par jour donnent vos vaches ?

- Laquelle ? La noire ou la blanche ?

- Disons la blanche.

- Dix litres de lait par jour.

- Et la noire ?

- Dix litres aussi.

- Et qu'est-ce que vous leur donnez à manger ?

- À la blanche ou à la noire ?

- À la blanche.

- De la luzerne et du foin.

- Ah! Et à la noire ?

- De la luzerne et du foin aussi.

- Écoutez, si tout est pareil chez ces vaches, pourquoi me demandez-vous chaque fois si je parle de la blanche ou de la noire ?

- C'est parce que la blanche est à moi.

- Aaaah ! bon, je comprends.

- Et la noire ?

- La noire aussi.

- J'ai regardé un match de foot hier.
- Ah oui ? Et quel a été le score ?
- À la fin du match, c'était 0 à 0.
- Ah ! Et à la mi-temps, c'était combien ?

Le directeur de l'école entre dans la classe.
- Bien ! Voyons si vous savez compter, les enfants. Tony, combien font 2+2 ?
- Facile, ça fait 64.
- Non, tu te trompes, mais je suis sûr que Michel le sait, lui. Michel, combien font 2+2 ?
- Euh... Vendredi ?

Le directeur se fâche.
- Allons, voyons, ce n'est pas difficile ! François, 2+2, ça fait... ?
- 4, monsieur le directeur !
- Très bien ! Explique à tes camarades comment tu as fait.
- C'est très simple, j'ai juste retiré 64 de Vendredi !

Un éléphant et une souris veulent patiner sur un lac tout gelé. L'éléphant hésite, il a peur que la glace casse sous son poids. La souris avance et dit :

– Je vais y aller la première, pour voir si la glace tient le coup !

– Que fait le chat ? demande la maîtresse.
– Il miaule.
– Très bien. Et le mouton ?
– Il bêle.
– Et le loup ?
– Il le mange !

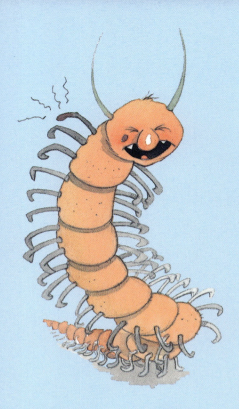

Un jeune mille-pattes rentre chez lui en pleurant.

– On m'a marché sur une patte !

– Oh ! mon pauvre. Laquelle ?

– Je ne sais pas, je n'ai appris à compter que jusqu'à 100.

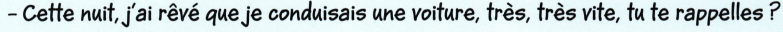

– Cette nuit, j'ai rêvé que je conduisais une voiture, très, très vite, tu te rappelles ?

– Non, je ne peux pas m'en souvenir, c'était un rêve !

– Mais si, tu étais avec moi dans la voiture !

Un ogre va voir son guérisseur habituel.

– Guérisseur, j'ai des brûlures d'estomac.

– Mmmh... Eh bien, c'est simple : mangez un pompier par jour pendant une semaine !

– Maman ! Je suis tombé de mon vélo !

– Oh là là, avec ton blouson tout neuf !

– Oui, je n'ai pas eu le temps de l'enlever !

Histoire drôle

23

Janvier

Deux copains sont montés sur le même vélo.
- Hé ! va moins vite dans les virages, tu me fiches la trouille !
- Fais comme moi : ferme les yeux !

Un voisin énervé sonne à la porte.
- Monsieur ! Savez-vous que votre chien ABOIE toute la NUIT !?
- Oh, ne vous en faites pas, il dort toute la journée !

Histoire drôle

24

Janvier

- Maman, quand je serai grand,
je veux être tout petit.
- Ah ? Et pourquoi ça, mon
chéri ?
- Parce que papa m'a dit que
quand je serai grand comme lui,
j'irai travailler.

Histoire drôle
25
Janvier

- Maman, je peux jouer du piano ?
- Lave-toi les mains d'abord.
- Mais non, je ne jouerai qu'avec
les touches noires !

Histoire drôle
26
Janvier

27
Janvier

Un fou va à la douche avec un parapluie.
- Qu'est-ce que vous faites ? demande l'infirmier.
- Je vais prendre ma douche, mais il ne faut pas que je me mouille, parce que je n'ai pas de serviette !

La maîtresse donne un problème :
- Dans le désert, il y a 2 chameaux + 10 chameaux + 30 chameaux. Théo, dis-nous ce que ça fait..
- 2 chameaux + 10 chameaux + 30 chameaux, ça fait un maximum de poussière, maîtresse !

28
Janvier

Une petite fille dit à sa maman :
- Je suis bien contente de ne pas être née en Chine.
- Ah oui ? Pourquoi donc ?
- Bah... parce que je ne parle pas chinois !

Histoire drôle
29
Janvier

Devinette
30
Janvier

Que dit un zéro quand il rencontre un huit ?
(Tiens, tu as mis une ceinture, aujourd'hui ?)

- Mathieu, tu penseras à donner à manger au poisson rouge ?
- D'accord. Est-ce qu'il faut lui donner à boire, aussi ?

Histoire drôle
31
Janvier

– Papa, tu préfères quoi : me donner un euro pour que je joue de la trompette dans la salle à manger pendant que tu te reposes, ou me donner deux euros pour que j'aille jouer de la trompette chez pépé ?

Février

Pourquoi met-on une laisse
à un chien ?
(Parce qu'il ne peut pas se
la mettre tout seul.)

- J'ai une couverture, mais je ne
suis pas un lit.
- J'ai un dos, mais je ne suis pas
une chaise.
- J'ai des feuilles, mais je ne suis
pas une plante. Qui suis-je ?

(Un livre.)

Deux enfants regardent une démonstration de ski nautique.
- Regarde ! Ce bateau va super vite !!!
- Normal, 'y a un gars qui le poursuit !

Un citadin discute avec un paysan.
- J'ai acheté un petite ferme par ici, dit-il, mais je ne comprends pas pourquoi je n'arrive pas à avoir de poules. J'ai planté plusieurs œufs il y a une semaine, et rien n'a poussé !

Histoire drôle

6

Février

PRÉCISION :
– Je tiens à signaler à papa
et à maman que si j'ai de si
mauvaises notes, c'est parce
que ce n'est pas moi qui me
les mets !

Histoire drôle

7

Février

– Toc, toc, toc !
– Qui est là ?
– C'est l'homme invisible !
– Oh, vous, allez-vous-en ! Je ne
veux pas vous voir !

Le nouveau petit frère de Stéphy pleure chaque nuit depuis une semaine. Stéphy n'en peut plus d'être réveillée sans cesse.

– Dis, maman, on ne pourrait pas le débrancher, cette nuit ?

Deux nageurs font la course dans la piscine, la tête sous l'eau. En sortant de l'eau, un seul des deux a les cheveux mouillés. Pourquoi ?

(Parce que l'autre est chauve !)

Deux dames discutent.

- Je vais faire un gâteau pour l'anniversaire de mon mari.

- Oh, j'en ai fait un hier, au chocolat, tu veux la recette ?

- Oui, je veux bien.

- Alors, tu prends du chocolat, du lait, tu mélanges, tu ajoutes de la farine, des œufs, de la levure, de la moutarde...

- Hein ? De la moutarde ? Tu es sûre ?

- Oui, oui. Ensuite, tu mets du curry, du poivre, du ketchup, du miel, de la confiture de lait et un peu de piment. Puis tu fais cuire et tu auras le même gâteau que celui que j'ai fait hier.

- Très bien.

Le lendemain, les deux amies se rappellent.

- J'ai fait ton gâteau.

- Ah oui ?

- Oui. Et c'était dé-goû-tant !

- Oui, oui, c'est bien le même, le mien aussi était dégoûtant.

Histoire drôle

11

Février

Le directeur d'un magasin surprend l'un de ses employés en train de dormir sur son bureau. Il le secoue par l'épaule en criant :
- Je ne vous paye pas pour dormir, mon vieux !!!
- Oui, je sais bien, je rêvais justement que j'étais en train de travailler...

Histoire drôle

12

Février

Un magicien parle avec une apprentie sorcière qu'il trouve très jolie.
- Vous aimez les chats noirs, mademoiselle ?
- Je n'en ai jamais goûté, mais je mange de tout !

Comment savoir de quel côté est la tête d'un chien très poilu ?
(On tend un morceau de sucre. Le bout qui mange le morceau de sucre, c'est la tête.)

IMPORTANT : Pour votre sécurité dans cet aéroport, il est interdit de donner des graines aux avions.

Histoire drôle

15

Février

Le maître demande :

– Marie, si tu as 5 euros et que tu demandes 5 euros à ta maman, tu auras combien ?

– Euh... 5 euros.

– Mais non, voyons ! Tu ne connais pas encore les additions depuis le temps qu'on en fait ?

– Si, mais je connais aussi ma mère !

Durant une séance de cinéma, un homme secoue son voisin.

– Vous ne pouvez pas arrêter de ronfler, non !?

– Hmmm ? Ce film est tellement ennuyeux, ne me dites pas que vous aimez ?

– Non, mais vous m'empêchez de dormir !

Histoire drôle

16

Février

Un homme entre dans une librairie.
– Bonjour ! Je voudrais que vous me conseilliez pour acheter un bon roman policier, avec un suspense terrible.
– J'en connais justement un excellent. L'enquête est tellement difficile que même l'auteur n'a pas réussi à trouver qui était l'assassin.

Le fils d'un voleur rentre de son premier jour d'école.
– Alors, petit, comment s'est passée cette journée ?
– Ne t'inquiète pas, papa, la maîtresse m'a interrogé pendant des heures, mais je n'ai rien dit.

La maîtresse a demandé un dessin, et Rémi rend une feuille blanche.

– Tu n'as rien fait, Rémi ???

– Bah si, j'ai dessiné de l'herbe avec des vaches.

– Mais il n'y a pas d'herbe !

– Normal, les vaches l'ont broutée entièrement.

– Mais les vaches non plus, je ne les vois pas !

– Bah, comme il n'y avait plus d'herbe, elles sont parties en chercher ailleurs !

Un champion de ski ne peut pas participer à sa compétition à cause d'une grippe.

– Vous avez de la fièvre ? demande le médecin.

– 39,5°, docteur.

– Ah ! effectivement, c'est une grosse fièvre.

– J'ai battu le record du monde, docteur ?

– Allô, bonjour, je suis bien au 20 73 36 ?

– Ah ! non, vous faites erreur. Ici, on n'a pas le téléphone.

RÉGIME : Mme Souris a décidé de maigrir. À partir d'aujourd'hui, elle ne mangera que les trous du gruyère.

Un homme a douze fils. Chacun de ses fils a une sœur. Combien cet homme a-t-il d'enfants ?

(Treize. Chacun des fils a la même sœur !)

Je suis un mot qui commence par E, qui finit par E, et qui ne contient qu'une seule lettre. Qui suis-je ?

(Une enveloppe.)

Un monsieur achète des places de théâtre.

– C'est pour « Roméo et Juliette » ? demande le caissier.

– Non, non, c'est juste pour ma femme et moi...

Devinette
26
Février

Pourquoi met-on une selle sur un cheval ?
(Parce que si on la met dessous, on tombe.)

Qu'est-ce qui tire la langue quand on lui pince la queue ?
(Le dentifrice.)

Devinette
27
Février

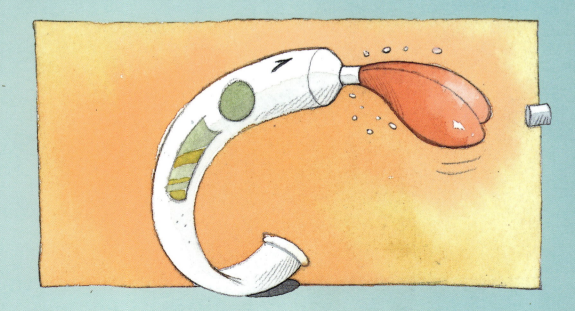

Un chauffeur de camion arrive à la douane.

Un douanier lui demande :

– Rien à déclarer ?

– Non. Juste un sandwich.

Le douanier fait ouvrir la remorque du camion pour vérifier son chargement et trouve, ô surprise, un éléphant à l'intérieur, avec une tranche de pain collée derrière chaque oreille.

– Quand on transporte un animal sauvage, il faut le déclarer ! se fâche le douanier.

– Ce n'est pas un animal sauvage !

C'est mon sandwich !

Un homme se plaint à son médecin.
- J'ai mal au nez parce que mon épouse a trente-neuf chats et ils empestent toute la maison.
- Mmmh... Je vous conseille d'ouvrir régulièrement les fenêtres : ainsi, l'odeur ne vous gênera plus.
- Ouvrir les fenêtres ? Vous êtes fou ! Mes quarante-deux canaris s'envoleraient !

Mars

Un homme se présente au commissariat avec un objet immense tout emballé.

– Bonjour ! J'ai trouvé un os de dinosaure sur la plage, je vous l'amène.

Le policier fait déballer le paquet et sourit.

– Henri ! s'écrie-t-il. Rappelle le jeune homme de tout à l'heure, et dis-lui qu'on a retrouvé sa planche de surf !

Le docteur teste un de ses patients.

– Bon, résumons ! dit le médecin. Vous réagissez lentement, vous marchez lentement, vous mangez lentement, vous réfléchissez lentement, vous écrivez lentement, vous lisez lentement... Y a-t-il donc quelque chose que vous faites rapidement ?

– Oui, docteur. Je m'endors très vite.

Une maman inquiète voit enfin son fils rentrer de l'école avec une demi-heure de retard.

– J'ai eu très peur, dit-elle. Que t'est-il arrivé ?

– Je suis désolé, c'est parce qu'une dame avait perdu une pièce de deux euros.

– Et tu l'as aidée à chercher pendant une demi-heure ?

– Non, c'est que j'avais le pied sur la pièce, et j'ai dû attendre qu'elle s'en aille pour la ramasser.

Deux fous dans le désert :

– Je meurs de soif, dit l'un.

– Il faut sucer des cailloux quand on a soif, dit l'autre.

– Non, ce qu'il faut, c'est trouver une rivière.

– Ah oui ! pas bête, dans une rivière il y a toujours des cailloux !

– Qu'est-ce qui t'a paru le plus dur quand tu as appris à faire du vélo ?
– Euh... Sans doute les arbres et les murs...

– Papa, j'ai été premier de la classe en orthographe ! Tu vas m'acheter une bicyclette, comme promis ?
– Oui, mais à une seule condition : dis-moi comment on écrit le mot « bicyclette ».
– Euh... finalement, je préférerais un vélo...

Fin de journée pour un pêcheur. Un promeneur demande :
- Alors ? Qu'est-ce que vous avez attrapé ?
- Un rhume...

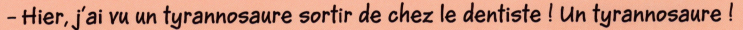

- Hier, j'ai vu un tyrannosaure sortir de chez le dentiste ! Un tyrannosaure !
- Mais qu'est-ce qu'il voulait ?
- Je ne sais pas,
on n'a pas retrouvé le dentiste !

Un appel à la gendarmerie :

– Monsieur ! Monsieur ! On vient de cambrioler ma bijouterie, c'est affreux !

– Allons, dit l'agent, calmez-vous. À quoi ressemblait le voleur ?

– À un éléphant.

– Un éléphant ? Euh... Un éléphant d'Afrique ou un éléphant d'Asie ?

– Comment le saurais-je, moi ? On vient de me cambrioler, faites quelque chose !

– Les éléphants d'Afrique ont des grandes oreilles, alors que celles des éléphants d'Asie sont petites.

                    – Je ne sais pas, répond le bijoutier, je n'ai pas pu voir ses oreilles, il portait un masque sur la tête !

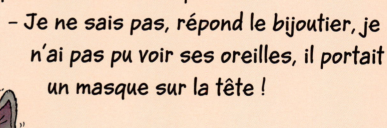

Le petit Théo arrive en courant vers sa mère.

- Maman, papa a battu moi aux cartes tout à l'heure.

- On dit : « Papa m'a battu aux cartes. »

- Ah bon, toi aussi ?

- Ça s'est bien passé, l'école, Julien ?

- Oui, et en plus j'ai fait une bonne action, aujourd'hui.

- Ah ? Laquelle ?

- Théo avait mis des punaises sur la chaise de la maîtresse. Alors, quand elle a voulu s'asseoir, j'ai enlevé la chaise pour qu'elle ne se blesse pas !

– Hier, j'ai voulu me baigner dans mon aquarium.

– Dans ton aquarium ? Il y a assez de place ?

– Je ne sais pas, je n'ai pas trouvé mon maillot de bain.

Histoire drôle

13

Mars

En passant dans un couloir, un médecin voit un patient qui s'accroche au plafond de toutes ses forces, pendu par les pieds. Des infirmiers discutent à côté de lui, sans s'en occuper.

– Mais enfin ! s'écrie le médecin, que fait-il ici, celui-là ?

– Oh ! répond un infirmier, c'est un fou, il se prend pour une ampoule électrique.

– Mais ne le laissez pas comme ça, voyons ! Décrochez-le de là !

– D'accord, dit un autre infirmier, mais je vous préviens, on n'y verra plus rien !

Histoire drôle

14

Mars

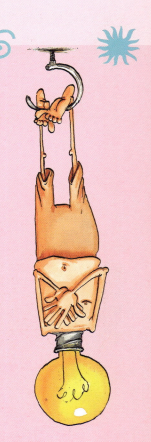

Un cow-boy se fâche contre un joueur de poker.
- Dis, toi ! Tu sais ce qui arrive aux tricheurs ?
- Ouais ! Ils gagnent !

Deux personnes discutent de tout et de rien dans le train.
- Je trouve que les gens devraient toujours dormir la fenêtre ouverte, de toute façon.
- Ah oui ! c'est vrai, c'est très bon pour la santé, on respire mieux et donc on dort mieux. Vous êtes médecin ?
- Non, cambrioleur !

Petite annonce

17

Mars

LESSIVE : Panthère tachetée cherche détachant efficace.

La mère de Lucie a trois enfants : Rémi, Anaïs et... ? (Lucie !)

Devinette

18

Mars

Histoire drôle

19

Mars

– Papa, elles ont des pattes, les cerises ?
– Euh... Non, pourquoi ?
– Alors, je viens de manger une araignée...

– J'en ai assez qu'on me reproche d'être trop bavarde !
C'est totalement faux !
– Tu es quand même la seule personne que je connaisse à avoir pris un coup de soleil sur la langue sur la plage l'été dernier !

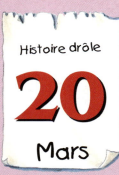

Ses pieds et sa tête sont glacés, elle a très chaud à la taille et tourne tout le temps sur elle-même. Qui est-ce ?
(La Terre.)

L'équipe de foot de ce petit village est vraiment nulle.
L'entraîneur décide de réunir ses joueurs.
– Bon ! On va tout reprendre
depuis le début, dit-il. D'accord ?
– D'accord, répondent les joueurs.
L'entraîneur prend un ballon dans
ses mains et continue :
– Alors, pour commencer, vous prenez le ballon
comme ça et...
Et là, une petite voix dit :
– Aaaaah, c'est ça, un ballon !?

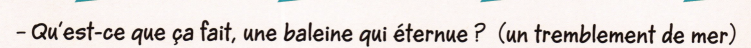

– Qu'est-ce que ça fait, une baleine qui éternue ? (un tremblement de mer)
– Qu'est-ce que ça fait, un éléphant qui éternue ? (un tremblement de terre)
– Qu'est-ce que ça fait, une mouche qui éternue ? (un tremblement de terre)
                (si, si, c'est une TRÈS GROSSE mouche !)

24

Mars

Un homme visite un vieux manoir qu'il a l'intention d'acheter.

– J'adore cette maison, dit-il tout haut. C'est exactement le genre d'endroit où l'on s'attendrait à trouver des fantômes.

– Oh, sans doute ! répond une voix derrière lui. Mais ça fait 450 ans que j'habite ici, et je n'en ai jamais vu un seul !

Un poisson en bouscule un autre.

– Hé ! Faites un peu attention où vous mettez les nageoires !

– Oups ! pardon, j'avais de l'eau dans les yeux.

25

Mars

Une femme se rend chez le médecin, très inquiète :

– Docteur, j'ai un gros problème : chaque fois que je dis « ABRACADABRA », les gens disparaissent !

Docteur ? Docteur, où êtes-vous ?

Histoire drôle

26

Mars

Devinette

27

Mars

Quel est le plus grand mot de la langue française ? (« Élastique », parce qu'il s'étire, s'étire, s'étire...)

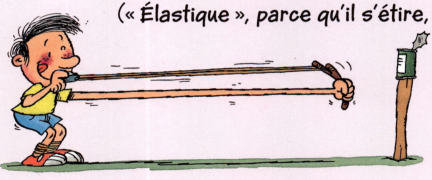

MALHEUR : Quand M. Sucre est sorti sous la pluie sans son parapluie, il a fondu.

Petite annonce

28

Mars

Un homme arrive dans un bar et demande un verre de limonade.

Il sort un dé à coudre de sa poche, y verse quelques gouttes de limonade et dit :

- C'est bon, tu peux sortir, tu es servi.

Aussitôt, un homme minuscule, à peine plus grand qu'une craie, sort de sa poche, grimpe dans sa main et commence à boire dans le dé à coudre.

- C'est extraordinaire ! s'exclame le serveur. Qu'est-ce qui lui est arrivé ?

- Ah... C'était en Afrique dans le village de... euh... je ne me souviens plus du nom.

Il se tourne alors vers le petit bonhomme et lui demande :

- Marcel, c'était quoi le nom du village où tu as traité le sorcier d'imbécile ?

Un vendeur de journaux hurle sur le trottoir :
– Dernière édition ! Une nouvelle escroquerie ! Déjà 56 victimes !
Un homme s'arrête, achète le journal et l'ouvre.
À l'intérieur, il n'y a que des pages blanches.

Et là, le vendeur repart de plus belle :
– Dernière édition ! Une nouvelle escroquerie ! Déjà 57 victimes !

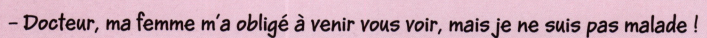

– Docteur, ma femme m'a obligé à venir vous voir, mais je ne suis pas malade !
– Ah bon ? Mais pourquoi veut-elle que vous veniez, alors ?
– C'est parce qu'elle trouve bizarre que j'aime les chaussettes en laine !
– Mais ce n'est pas une maladie ! Moi aussi, j'aime les chaussettes en laine !
– Ah, vous aussi ? Vous les préférez comment ? Avec du beurre et de la confiture, ou mélangées dans du chocolat et du miel ?

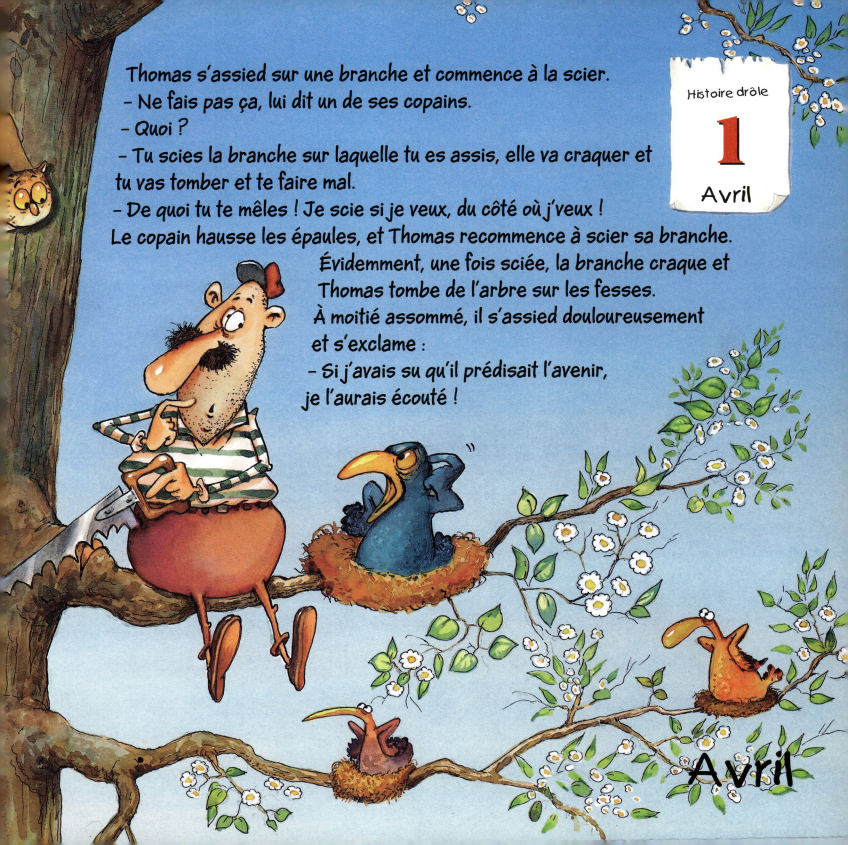

Thomas s'assied sur une branche et commence à la scier.

– Ne fais pas ça, lui dit un de ses copains.

– Quoi ?

– Tu scies la branche sur laquelle tu es assis, elle va craquer et tu vas tomber et te faire mal.

– De quoi tu te mêles ! Je scie si je veux, du côté où j'veux !

Le copain hausse les épaules, et Thomas recommence à scier sa branche.

Évidemment, une fois sciée, la branche craque et Thomas tombe de l'arbre sur les fesses.

À moitié assommé, il s'assied douloureusement et s'exclame :

– Si j'avais su qu'il prédisait l'avenir, je l'aurais écouté !

Histoire drôle

1

Avril

Avril

Une maîtresse demande à ses élèves d'écrire un texte de 100 mots sur leur animal préféré. Élodie n'a pas d'idées.

Elle commence à écrire : « L'année dernière, mon chat s'est sauvé, et mes parents l'ont appelé toute la nuit :
- Minou ! Minou ! Minou ! Minou ! Minou ! Minou... »

CUISINE : M. Ogre conseille vivement de ne pas manger les enfants qui font des bêtises, parce qu'ils continuent de faire les imbéciles dans l'estomac une fois qu'on les a avalés.

Un automobiliste vient de brûler un feu rouge, et un policier l'arrête immédiatement.

- Quel est votre nom ?
Le chauffard répond à toute vitesse :
- Je m'appelle Liostywazniotr Vinowskyaxxiëv.
- Mais... ça s'écrit comment ? balbutie le policier.
- Avec deux « X ».

Deux cow-boys discutent dans un bar.
- Alors, ça va mieux avec ton voisin ? Tu as enterré la hache de guerre ?
- Non. Mais j'enterrerais bien mon voisin...

Dans un magasin d'animaux, le vendeur vante la qualité d'un beau perroquet à un client.

– Ce perroquet est formidable. Si vous tirez sur la ficelle attachée à sa patte droite, il parle anglais. Si vous tirez sur la ficelle attachée à sa patte gauche, il parle français.

– Et si je tire sur les deux cordes en même temps ? demande le client.

– Je me casse la gueule ! répond le perroquet.

Un père se fâche contre son fils :

– Mais enfin ! Que dois-je faire pour que tu cesses de jouer avec des allumettes !

– Je ne sais pas... Achète-moi un briquet ?

Dans un restaurant de luxe, un client regarde les plats sur les tables de ses voisins, et décide de passer sa commande.

– Garçon, vous avez de belles cuisses de grenouilles, à ce que je vois.

– Ah ! non, monsieur, c'est juste que mon pantalon est un petit peu serré.

Histoire drôle

8

Avril

SPORT : Chat cherche souris pour s'entraîner à la course. Repas offert à la fin de l'entraînement...

Petite annonce

9

Avril

Georgy et Lucas visitent un zoo en Angleterre.

– Oh, regarde les zèbres ! dit Georgy.

– Non, ça, ce sont des dangerousses.

– Et là ! Regarde les girafes !

– Non, dit Georgy, ce sont des dangerousses aussi.

– Ah bon ? s'étonne Lucas. En tout cas, ça, c'est un lion, j'en suis sûr !

– Non, c'est encore un dangerousse.

– Tu m'embêtes avec tes dangerousses ! Et d'abord, comment le sais-tu, toi, que ce sont des dangerousses ?

– Facile, répond Georgy. À l'entrée du zoo, il y avait un écriteau qui disait « All the animals are dangerous », ce qui veut bien dire « Tous les animaux sont des dangerousses » !

Histoire drôle

11

Avril

– Moi, dit une jeune femme, mon mari ne se plaint jamais de la cuisine que je lui fais, et il mange toujours tout ce qu'il y a dans son assiette.

– Ah ? Vous devez être un vrai cordon-bleu en cuisine...

– Non, mais je suis ceinture noire en judo !

Petite annonce

12

Avril

QUIPROQUO : M. Lapin ne voulait pas devenir astronaute. Il croyait juste que les fusées étaient des carottes géantes.

Quelle est la différence entre ma maîtresse et un gorille ?
(À peu près 25 kg.)

Le facteur hésite à pousser le portail d'une maison gardée par un énorme chien.

– Ne vous inquiétez pas, vous ne risquez rien ! lui dit le propriétaire.

– Il ne mord pas ? demande le facteur.

– Si, si, il mord, mais il est vacciné contre la rage !

Un homme entre dans une poisson-nerie et repère de très belles tranches de thon. Il s'apprête à en acheter quand son regard est attiré par un petit panneau, planté sur le thon, qui dit :

« Poisson très MAUVAIS ! »

Le poissonnier dit en chuchotant :

– Ne vous inquiétez pas, c'est juste pour tromper les chats !

FAIT DIVERS : Un ballon de football a porté plainte pour coups et blessures. Il aurait été frappé à coups de pied pendant 90 minutes. Ses agresseurs risquent un carton rouge.

Histoire drôle

17

Avril

Une girafe et une souris vont au bord d'un lac.
- Reste ici, dit la girafe, je vais aller voir si on a pied.

Qu'est-ce qui est noir, minuscule et extrêmement dangereux ?
(Une mouche avec une mitraillette.)

Devinette

18

Avril

Histoire drôle

19

Avril

- Ton chien a poursuivi un garçon à vélo !
- Impossible ! Mon chien ne sait pas faire de vélo !

- Papa, tu...
- Chut, Michaël, tu sais qu'on ne discute pas à table !
- Mais, papa, il y a...
- Tu as entendu ta mère, Michaël, tu parleras quand tu auras fini de manger.

Le repas se poursuit donc dans le silence, et Michaël sourit, chaque minute un peu plus.

Une fois la dernière feuille de salade avalée, et le dessert terminé, le papa de Michaël l'interroge :

- Eh bien, qu'avais-tu à dire de si urgent ?
- Oh, c'est trop tard maintenant ! dit Michaël en souriant. Je voulais juste te prévenir qu'il y avait une limace dans ta salade !

Une maman à son fils :
- Viens te laver les dents, elles sont sales.
- Mais... ? Pourtant, je ne mange que des choses propres !

La maîtresse interroge un élève qui somnole au fond de la classe.
- Alexandre, dans quel pays puis-je trouver des éléphants ?
- Pourquoi ? Vous les avez perdus ?

- Allô, bonjour mon petit, je voudrais parler à ton papa, s'il te plaît.
- Ce n'est pas possible, il n'est pas là, répond le petit garçon.
- Alors, passe-moi ta maman.
- Elle est sortie cinq minutes aussi. Il n'y a que mon frère, ici.
- Alors, passe-moi ton frère, s'il te plaît.
- Attendez, je vais le chercher.
Une minute après, le petit garçon revient et dit :
- Allô, monsieur, je n'arrive pas à le sortir de son berceau !

- Moi, je sais pourquoi les baleines sont énormes.
- Ah ouais ? Pourquoi ?
- Parce qu'elles boivent trop d'eau !

En classe, le maître apprend aux enfants les règles de politesse.
- Anthony, si, sans le faire exprès, tu marches sur le pied d'une dame, que fais-tu ?
- Oh ! c'est facile, je lui dis « Pardon, madame ».

- Très bien. Et maintenant, si cette dame, pour te récompenser de ta politesse, te donne une pièce de monnaie, que fais-tu ?
- Oh ! là, fastoche, je lui marche sur l'autre pied pour en avoir une deuxième !

Tout en se mettant un pansement autour du doigt, un dentiste dit à une maman :
- Bon, je viens de lui finir son plombage, alors ne le laissez mordre personne pendant au moins une heure.

- Maman, je peux avoir encore du chocolat ?
- Tu exagères ! Tu viens d'en manger un gros morceau !
- Oui, mais j'en voulais un petit...

- Papa, quand je suis né, qui m'a donné mon intelligence ?
- Sûrement ta mère, parce que moi, j'ai encore la mienne...

DÉMENTI : Mme Kangourou n'attend pas un bébé. Son fils a juste rangé un ballon dans sa poche.

Le directeur d'un zoo ne sait plus quoi faire : le kangourou ne cesse de s'enfuir de son enclos. Il décide de surélever la barrière. On rajoute un mètre de grillage. Mais le lendemain, le kangourou a réussi à sortir. On ajoute encore trois mètres de grillage, ce qui n'empêche pas le kangourou de sortir de nouveau. Excédé, le directeur fait ajouter cinq mètres de grillage supplémentaires, mais le kangourou réussit encore à s'enfuir. Au moment où on le ramène pour la dixième fois dans son enclos, un éléphant lui demande :

– Tu vas t'arrêter à quelle hauteur ?

– Je ne sais pas. Sans doute quand ils penseront à fermer la porte de mon enclos pendant la nuit...

- Ton chien m'a mordu !
- Mais enfin, regarde-le, il n'a plus de dents !
- Bah oui, elles sont toutes dans ma jambe !

Histoire drôle

2

Mai

Une petite fille regarde le ventre de sa maman enceinte.
- Pourquoi tu as un gros ventre maintenant ?
- C'est parce que papa m'a donné un bébé.
La petite fille sort de la chambre et va trouver son père.
- Papa, c'est vrai que tu as donné un bébé à maman ?
- Mais oui.
- Eh bien, elle l'a MANGÉ !

Histoire drôle

3

Mai

Histoire drôle

4

Mai

Une maîtresse interroge un élève, qui met du temps à répondre.
– Alors, Romain, ma question t'embête ?
– Ce n'est pas tellement la question qui m'embête, c'est plutôt la réponse !

EXCUSE : L'informaticien n'a pas pu finir son travail aujourd'hui. Son nouvel ordinateur a peur des souris.

Histoire drôle

5

Mai

Histoire drôle

6

Mai

– Il a quel âge, ce dinosaure ? demande Mélissa au gardien du musée.

– Il a exactement 200 millions d'années, 16 ans, 2 mois et 12 jours.

– Waouh ! Comment vous pouvez être aussi précis !?

– Très simple. Je suis gardien dans ce musée depuis 16 ans, 2 mois et douze jours. Et, quand je suis arrivé ici, ce dinosaure avait déjà 200 millions d'années.

Histoire drôle

7

Mai

– Tu t'es encore battu avec Julien ! dit une maman à son fils. Ton pantalon est tout déchiré, et je vais être obligée de t'en racheter un autre !

– Bah, si tu voyais Julien, c'est encore pire : sa maman va être obligée de racheter un autre petit garçon !

Un fou est amené à l'asile par deux ambulanciers.

– Ne me touchez pas ! hurle-t-il. Je suis l'envoyé de Napoléon !!!

Un autre fou s'approche.

– Ne le croyez pas, dit-il aux ambulanciers, je n'ai envoyé personne.

M. et Mme Plodocus ont un fils. Comment s'appelle-t-il ?
(Eddy Plodocus)

Histoire drôle

10

Mai

HORREUR : Lorsqu'il a vu son reflet dans les miroirs du château, le fantôme a failli mourir de peur.

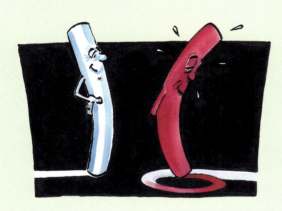

– Nicolas ! J'avais dit d'écrire sur son ardoise avec une craie blanche !
– Ma craie est blanche, maîtresse.
– Tu te moques de moi ?
Elle est rouge !
– C'est parce que ma craie blanche est très timide...

Histoire drôle

11

Mai

Devinette

12

Mai

Qu'est-ce qui a 64 pattes et 4 dents ?
(Un car de sorcières !)

– Moi, dit Benoît, j'ai déjà un métier.

– Ah ? s'étonne sa maman. Et c'est quoi ?

– Astronaute, parce que la maîtresse me dit toujours que je suis dans la lune !

– Oh, papa, il est beau ce bateau !

– Ce n'est pas un simple bateau. C'est un « yacht ».

– Un quoi ?

– Un « yacht ».

– Comment ça s'écrit ?

– Euh... tu as raison, finalement, c'est un bateau.

Un homme ivre se promène dans une fête foraine. Il s'arrête au stand de tir.

– On peut tirer, ici ?

– Pas de problème, dit le forain en lui tendant une carabine.

L'homme ivre vise en tremblant sur ses jambes, il tire trois fois en fermant les yeux et atteint les trois cibles en plein centre.

– Bravo ! lui dit le forain. Voici votre lot.

Il donne à l'homme un joli ours en peluche. Le gars le prend et s'en va.

Plus tard dans la soirée, l'homme revient, encore plus ivre que la première fois. Il demande une carabine, tire sans s'en rendre compte, et, là encore, atteint les trois cibles en plein milieu.

– Ça, alors ! lui dit le forain, vous avez de la chance, vous ! Tenez, votre lot.

Cette fois, il donne un petit réveille-matin.

L'homme ivre réfléchit un instant, rend le réveil et dit :

– Non merci, je préférerais avoir un sandwich, comme tout à l'heure.

Un homme affolé aborde une dame dans la rue :

– Madame, vite, dites-moi : avez-vous vu passer un camion de singes ?

– Pourquoi ? Vous en êtes tombé ?

Histoire drôle

16
Mai

– Enfin ! se fâche le maître. Quand je vous explique à quoi ressemble un singe, vous pourriez au moins me regarder attentivement !!!

Histoire drôle

17
Mai

Une enfant de deux ans dit à sa maman :
- Ze veux aller à l'école.
- Non, Tina, tu es trop petite.
Tina réfléchit.
- Et si ze monte sur une chaise ?

- Va voir si papa a fini de réparer la fuite de la baignoire.
  - Il n'a pas fini, maman, je viens d'aller dans la salle de bains.
    - Et est-ce qu'il t'a dit ce qu'était le problème ?
    - Euh... j'ai le droit de répéter les gros mots ?
  - Non !
- Alors, il n'a rien dit !

C'est un fou qui entre dans une bibliothèque et qui demande d'une voix forte :

– Bonjour ! Je voudrais un hamburger, des frites, une glace et un jus d'orange, s'il vous plaît !

La bibliothécaire : – Monsieur, vous êtes dans une bibliothèque, ici !

Le fou, en chuchotant : – Oh ! excusez-moi. Je voudrais un hamburger, des frites, une glace et un jus d'orange, s'il vous plaît !

Petite annonce

21

Mai

MENSONGE : M. Affreux n'est pas si moche. C'est son miroir qui exagère.

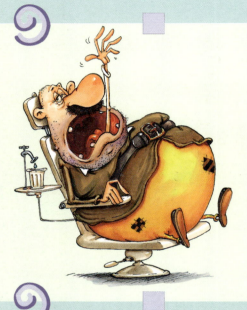

Que peut manger un ogre après s'être fait arracher une dent ?
(Le dentiste !)

Devinette

22

Mai

Devinette

23

Mai

Qu'est-ce qu'une flaque d'eau avec une carotte au milieu ?
(Un bonhomme de neige au printemps.)

ESPACE : Les spécialistes savent bien qu'il n'y a pas de vie sur la Lune. Pourtant, quelqu'un allume la lumière sur la Lune tous les soirs.

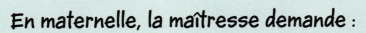

En maternelle, la maîtresse demande :
- Eva, à qui appartient ce stylo ?
- C'est mon mien.

- Non, Eva, on ne dit pas « c'est mon mien », mais « c'est le mien ».
- Non, c'est mon mien.
- Non, Eva, « c'est le mien ».
- Bon, d'accord, ze vous le rends.

Deux amis sont assis en cette fin de journée d'été sur un banc de leur quartier.

– Regarde comme la lune est belle.

– Ce n'est pas la lune, c'est le soleil.

– Mais non, voyons, c'est la lune !

– Le soleil, je te dis !

Un promeneur vient à passer, et l'un des deux amis l'appelle :

– Hé, monsieur, selon vous, c'est la lune ou le soleil, que l'on voit de ce côté ?

– Je ne peux pas vous le dire, je suis désolé, je n'habite pas ici.

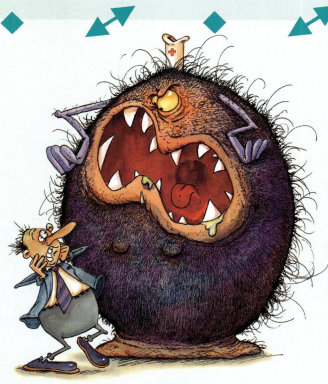

– Je n'arrête pas de voir des monstres poilus à grandes dents partout, dit un homme à son ami.

– Tu as vu le docteur ?

– Non, juste des monstres poilus à grandes dents.

APPRENTISSAGE : Ogre sympa donne cours de cuisine pour enfants (bien dodus, si possible).

Comment reconnaît-on un chasseur végétarien ?
(Il charge son fusil avec des carottes.)

PONCTUEL :
Mme Montre arrive toujours à l'heure.

Histoire drôle

31

Mai

Deux cambrioleurs s'apprêtent à cambrioler un hôtel. L'un d'eux explique :

- Dans la treizième chambre, il y a treize coffres remplis de bijoux.

- Tu ne crois pas que ça va nous porter malheur, tous ces « 13 » ?

- Mais non, ne sois pas bête ! Allons-y !

Les voleurs arrivent dans la chambre 13 quand ils entendent les sirènes de la police.

- Vite ! On va se faire prendre ! Sautons par la fenêtre !

- Quoi ? Mais tu es fou ! On est au treizième étage !

- Ah, écoute, arrête un peu, hein ! C'est pas le moment d'être superstitieux !

Au marché, une dame voit un paysan qui vend des fraises.
- Elles sont superbes, vos fraises, monsieur, vraiment, bravo !
Vous mettez quoi dessus ?
- Oh ! répond le paysan, on met du crottin de cheval mélangé
à de la bouse de vache.
- Ah ! c'est curieux, ça doit avoir un drôle de goût !
Moi, je mets plutôt du sucre en poudre et de
la crème fraîche !

Juin

– Docteur, je pense que je suis... euh... que je suis...

– Ne dites rien, répond le médecin. Vous vous prenez pour un fantôme, n'est-ce pas ?

– Comment avez-vous deviné ?

– Quand vous êtes passé à travers la porte...

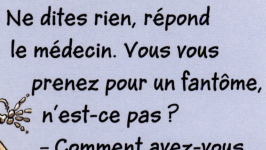

Histoire drôle

2

Juin

Qu'est-ce qui peut traverser les vitres sans les casser ?
(Les rayons du soleil.)

Devinette

3

Juin

Willy veut commander un magnifique train électrique du Far West au Père Noël.

– Tu sais, lui dit sa maman, le Père Noël n'est pas très riche, il ne pourra peut-être pas t'amener un aussi beau train électrique.

– Ce n'est pas grave, je ne vais commander que la locomotive, et je dirai aux copains que ce sont les Indiens qui ont volé mes wagons !

Comment met-on quatre éléphants dans une petite voiture jaune ?
(Deux devant, deux derrière.)

- Riton, pourquoi viens-tu à ton cours de musique avec une mitraillette dans l'étui de ton violon ?
- Zut, papa s'est trompé ! Il est parti cambrioler la banque avec mon violon !

- Il n'y a plus eu d'accident depuis au moins un an, à la piscine.
- Ah ? Les gens font davantage attention ?
- Non, ce n'est pas ça. La direction de la piscine a engagé un requin comme maître nageur.
- Un requin ! Et les gens se baignent quand même !?
- Non, c'est pour ça qu'il n'y a plus d'accident !

Comment sait-on qu'il y a quatre éléphants dans un bar ?

(La petite voiture jaune est garée devant.)

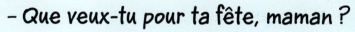

– Que veux-tu pour ta fête, maman ?
– Je voudrais... un enfant bien sage.
– Chic, je vais avoir un petit frère !

Dans le bureau du directeur, trois élèves sont convoqués pour avoir fait beaucoup de chahut. Le directeur les interroge tour à tour.

— Toi, Lucas, qu'est-ce que tu as fait ?

— Moi, j'ai fait des graffitis sur les murs de la classe.

— Tu vas tout de suite nettoyer ces saletés et tu auras une retenue samedi après-midi. Et toi, Théo, qu'est-ce que tu as fait ?

— Moi, j'ai mis trois punaises sur la chaise du maître.

— Tu vas immédiatement présenter tes excuses au maître et tu auras deux samedis de punition. Et toi, Kevin, qu'est-ce que tu as fait ?

— Moi, j'ai jeté du carton par la fenêtre.

— Bon, ça, comparé à tes deux camarades, ce n'est pas bien grave, tu ne seras pas puni. Allez, filez, et que je ne vous revoie plus.

Les trois élèves quittent le bureau, quand un quatrième arrive, couvert de pansements.

— Mais que t'est-il arrivé, à toi ? Comment t'appelles-tu ?

— Je m'appelle Ducarton, monsieur !

Histoire drôle

11

Juin

Adnan revient de l'école en pleurant.

– Léo m'a embêté.

– Allons, quand on t'ennuie, lui dit son père, il faut te défendre !

– Oui, mais on n'a pas le droit de se battre, gémit Adnan.

– Allons, mon fils, sache que quand j'avais ton âge, j'ai fait trente kilomètres à vélo pour aller me venger d'un imbécile qui m'avait frappé.

– Trente kilomètres ? Et tu es revenu comment ?

– En ambulance...

– Papa, qu'est-ce que tu vas offrir à maman pour sa fête ?

– Un joli porte-clés pour mettre ses clés de voiture dessus.

– Ouah ! Elle va en avoir une surprise !

– Oui, surtout quand je vais lui dire que, finalement, je ne lui offre pas la voiture...

Histoire drôle

12

Juin

Qu'est-ce qui a quatre roues et des centaines de dents ?
(Un autobus plein de crocodiles.)

 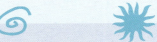

Une maman donne dix bonbons à son fils.
– Tiens, prends ces bonbons et partage-les avec ton petit frère.
– Oui, maman.
– Combien vas-tu lui en donner ?

– Je vais partager et lui en donner deux.
– Comment ça, « deux » ? Tu ne sais pas compter ?
– Moi, si. Mais pas lui !

15
Juin

– Papa, tu devrais jouer aux courses de chevaux.

– Pourquoi ça ?

– Le papa de Rémi, il a joué et il a gagné !

– Mais enfin, Mathieu, que veux-tu que je fasse d'un cheval ?

16
Juin

Un homme entre dans un bar.

– Bonjour ! Un café, s'il vous plaît.

– 3 euros, lui dit le barman.

– 3 euros ? C'est très cher !

– Si vous ne vous asseyez pas en salle et prenez le café au comptoir, c'est 2 euros 50.

– Et si je me tiens sur un seul bras, ce sera combien ?

Histoire drôle
17
Juin

Un père à son fils :
- Grande nouvelle : tu viens d'avoir une petite sœur !
- Super ! Il faut absolument prévenir maman !

Quelle est la différence entre un chat et un mille-pattes ? (996 pattes.)

Devinette
18
Juin

Histoire drôle
19
Juin

- Maman, maman ! Lève-toi vite, il est huit heures !
- Qu... quoi ? Que se passe-t-il ?
- Vite ! Viens me réveiller, sinon je vais être en retard à l'école !

Histoire drôle
20
Juin

- Docteur, ma sœur se prend pour une poule depuis trois ans.
- Trois ans ? Et vous ne venez me voir que maintenant ?
- Bah, ça ne nous gênait pas, et elle semblait heureuse comme ça. Ce qui nous inquiète, c'est que depuis trois jours, elle ne pond plus d'œufs.

Histoire drôle
21
Juin

- Papa, la maîtresse a dit que le soleil allait s'éteindre dans cinq milliards d'années.
- Quoi ? Mais c'est affreux !!!
- Mais enfin, papa, cinq milliards d'années, c'est dans très longtemps !
- Ah ! Cinq MILLIARDS. Ouf ! J'avais compris cinq MILLIONS d'années.

– Anthony, est-ce que tu veux gagner dix euros en me rendant un petit service ?

– Euh… je préférerais gagner cinq euros en ne faisant rien !

– Allô, maman, je viens de laver les vêtements de Hugo, et ils ont complètement rétréci dans la machine. Comment est-ce que je peux rattraper ça ?

– Une seule solution : mets Hugo dans la machine aussi !

Un jeune homme est candidat à un emploi dans une entreprise. Il rencontre le directeur, qui est un peu étonné.

– Je vois dans votre lettre que vous avez été cuisinier, homme-grenouille, peintre, photographe, boulanger, maître d'école, mathématicien, informaticien, gardien de phare, gardien de nuit, gardien de but, secrétaire, chauffeur et livreur de pizzas ? C'est vrai, ça ?

– Non, mais votre annonce demandait quelqu'un ayant beaucoup d'imagination...

Un homme vient de se faire renverser par une voiture.
La conductrice sort et lui dit :
– Ne vous inquiétez pas, nous sommes juste devant le cabinet d'un médecin.
– Je sais, dit le blessé.
Le médecin, c'est moi.

Deux copains discutent.
– Moi, la première fois que je suis allé à l'école, le maître m'a appris à écrire.
– Ah ? Et tu écrivais quoi ?
– Ça, j'en sais rien, je savais pas lire.

Un fou demande à un autre :

- Tu aurais l'heure, s'il te plaît ?

- Il est 32 kilos.

- Déjà ? Zut ! Je retarde de 10 grammes !

- Ma maman attend un bébé, dit Michaëla à ses camarades.

- Ah, c'est super ! Une petite fille ou un petit garçon ?

- C'est une petite fille !

- Comment ta maman l'a su ? demande Tony. Elle a senti les cheveux longs dans son ventre ?

Un petit enfant rentre de chez le dentiste en sifflotant.
- C'est très bien, c'est la première fois que tu ne reviens pas en pleurant, le félicite sa maman.
- Ouais, il était absent aujourd'hui !

Un enfant rentre tout joyeux à la maison :
- J'ai eu deux 10 sur 10 !
- Ah ?
- Ouais, à la visite médicale, 10 à l'œil droit, 10 à l'œil gauche !

– Hééé ! Ne plongez pas dans cette piscine, il n'y a pas d'eau dedans !!!
– Je sais. Justement, je ne sais pas nager !

Juillet

Un match de foot oppose l'équipe des
éléphants à celle des souris.
À la fin du match, les éléphants
s'excusent :
   – Désolés d'avoir écrasé la
   moitié de vos joueurs !
      – Ce n'est rien, répondent les souris,
      nous aussi on vous a pas mal bousculés !

Un escargot va voir un de ses amis.
Il lui dit, très lentement :
– Tu as une demi-heure de libre ?
L'autre répond très lentement :
– Oui, pourquoi ?
Le premier répond, très lentement :
– Parce que je voudrais
te parler cinq minutes.

L'avion va décoller. Une hôtesse distribue des chewing-gums pour éviter le bourdonnement dans les oreilles au décollage.

Peu après, une jeune femme dit :

– Très efficace, le truc des chewing-gums, je n'ai pas du tout eu les oreilles bouchées au décollage !

– Merci, dit l'hôtesse.

– Mais… comment je fais, maintenant, pour les enlever de mes oreilles ?

Le dentiste annonce à Nicolas qu'il va devoir lui arracher une dent de lait trop cariée.

– Ah non ! crie Nicolas. Je ne veux pas qu'on m'arrache une dent !

– Vois le bon côté des choses, Nicolas, lui dit sa mère. Ça t'en fera une de moins à laver ce soir !

Un homme va chez le dentiste. Une fois sur le fauteuil, il ouvre la bouche.

– Mais toutes vos dents sont en or ! s'écrie le dentiste.

– Je sais, dit l'homme. Je viens pour que vous me posiez un système d'alarme.

La maîtresse demande à Émilie :

– Si je vais à la boulangerie avec 3 euros dans la poche droite et 4 euros dans la poche gauche, ça fait...

– Euh... ça fait un gros tas de gâteaux !

La postière dit à un enfant :
    – Tu ne peux pas poster cette lettre avec un seul timbre, elle est trop lourde. Il faut un deuxième timbre.
    Mais... si je mets un deuxième timbre, elle sera encore plus lourde !

Histoire drôle
8
Juillet

Le docteur prête le stéthoscope à Émile pour qu'il écoute les battements du cœur de son petit frère dans le ventre de sa maman. Il écoute attentivement et dit :
    – J'ai entendu le bébé ! Il arrive en train !

Histoire drôle
9
Juillet

Histoire drôle

10

Juillet

Un ouvrier est convoqué par son patron.

- Comment vous appelez-vous, mon garçon ? demande le directeur.

- Hervé.

- Vous devez me dire « Monsieur » lorsque vous vous adressez à moi.

- Ah ? Excusez-moi.

- Bon, on recommence. Comment vous appelez-vous, mon garçon ?

- Je m'appelle... euh... Monsieur Hervé !

Trois imitateurs sont devant le directeur d'un spectacle et essayent de se faire engager.

– Moi, dit le premier, quand j'imite un taureau, toutes les vaches font « meuuuuh » !

– Et moi, dit le second, quand j'aboie, tous les chats du quartier se sauvent en miaulant.

– Eh bien moi, dit le troisième, quand j'imite le coq, le soleil se lève !

Histoire drôle

11

Juillet

Le Journal de la jungle interroge un vieux crocodile de plus de 110 ans.

– Dans votre jeunesse, quelles étaient vos occupations ?

– Les gazelles et la chasse.

– Et que chassiez-vous ?

– Les gazelles !

Un dentiste n'est pas content de son client, un mafioso terrible.

– Mais ça ne va pas, M. Giuli, vous m'avez payé avec des faux billets !

– Allons, soyez raisonnable, sinon je me fâche. Vous me mettez une fausse dent, je vous donne des faux billets ! Compris ?

La maîtresse demande à Laura :
- Laura, peux-tu me dire où se trouve la Tunisie ?
- Je ne sais pas, maîtresse, vous l'avez peut-être rangée dans votre bureau ?

- Ohé, le gros, là ! Vous pouvez m'indiquer le plus court chemin pour l'hôpital ?
- Ouais. Tu m'appelles encore une fois « le gros », et tu y arrives, à l'hôpital !

Histoire drôle 16 Juillet

Vincent a le nez qui coule, il ne cesse d'éternuer.

– Tu as attrapé un vilain rhume, Vincent, lui dit son papa. Il va falloir aller voir le médecin.

– Mais non, papa, ce n'est pas moi qui ai un rhume, c'est mon nez...

– Julien, donne-moi le nom d'un animal féroce.

– Un crocolion, maîtresse.

– Un quoi ?

– Un crocolion. C'est un animal avec une tête de crocodile d'un côté et une tête de lion de l'autre.

– Allons, Julien, cela n'existe pas. S'il a une tête de chaque côté, il ne peut pas marcher !

– Bah oui, c'est ça qui le rend très féroce !

Histoire drôle 17 Juillet

– Stéphane ! Tu as encore eu zéro à tes devoirs ! Que s'est-il passé ?

– Ce n'est pas ma faute, papa, c'est la maîtresse, elle a demandé à ce qu'on mette la phrase « Mon frère est intelligent » au féminin.

– Mmmmh ? Et alors ?

– C'est ce que j'ai fait, pourtant. J'ai écrit : « Ma sœur est très bête » !

– Nicolas, tu as montré tes mauvaises notes à ton papa ?

– Oui, maîtresse. Et ce n'est pas pour vous inquiéter que je dis ça, mais mon papa il a dit que si je revenais avec des notes comme ça la semaine prochaine, il y a quelqu'un qui allait se prendre un bon coup de pied quelque part...

Un enfant vient chez un copain avec une baguette et vingt tablettes de chocolat.
L'autre, en le voyant, s'écrie :
- Mais enfin ! Qu'est-ce qu'on va faire de tout ce pain ?

S'il n'est pas en peluche, il peut être très dangereux. Qui est-ce ?
(L'ours.)

- Vous êtes encore en retard, Lucien ! Vous avez encore trop dormi !
- C'est-à-dire... j'ai rêvé que je regardais un match de foot et qu'il y avait des prolongations, alors je ne pouvais pas partir avant la fin !

– Rémi ! Dans ton cahier, il y a un mot du maître qui dit que tu t'es encore battu pendant la récré !

- Oui, mais cette fois, c'est de la faute de Freddy !

- Pourquoi ? Qu'est-ce qu'il a fait ?

- Il n'y aurait pas eu de bagarre s'il ne m'avait pas rendu le coup de poing que je venais de lui donner !

À l'école, les enfants apprennent la conjugaison.

- Pierre, si c'est toi qui chantes, tu dis...

- « Je chante. »

- Très bien. Si c'est ta maman qui chante, tu dis...

- « Elle chante. »

- Parfait. Si c'est ton papa qui chante, tu dis...

- « Arrête !!! »

Un cambrioleur s'apprête à cambrioler une maison quand il voit un panneau, qui dit : « Attention, perroquet méchant ». Le voleur rigole, casse une fenêtre et se glisse dans la maison. Dans l'entrée,

il voit un tout petit perroquet bleu, attaché à son perchoir par une chaîne en or.

Le cambrioleur éclate de rire en disant :

– Alors, c'est toi le perroquet méchant ! C'est trop drôle !

Et là, le perroquet dit d'une petite voix :

– Brutus, ATTAQUE !

– Bonjour ! Je viens pour le poste de maître nageur.

– Vous savez très bien nager ?

– Oh oui !

– Et où avez-vous appris ?

– Dans l'eau !

> Zzz, mais non, je ne parle pas... !

– Maman, il faut que j'aille voir le docteur !

– Ah ? Et pourquoi ?

– Parce que je parle en dormant.

– Mais voyons, ce n'est pas bien grave, ça.

– Si, c'est grave, parce que, à cause de ça, je me fais punir.

– Comment ? Qui te punit parce que tu parles en dormant ?

– La maîtresse !

Deux campeurs sont sous la tente, la nuit.
- Éteins la lumière, dit le premier, ça attire les moustiques !
Quelques secondes plus tard, il aperçoit deux lucioles et s'écrie :
- Oh, zut ! Ils ont des lampes de poche !

Un père demande à sa fille qui vient de passer le permis :
- Alors, tu as bien conduit ?
- Je ne sais pas trop.
- Comment ça ? L'examinateur ne t'a rien dit ?
- Mais non, rien du tout, on l'a transporté directement à l'hôpital.

Le maître interroge ses élèves.

- Océane, peux-tu me dire comment les poussins font pour sortir de leur coquille ?

- Oui, maître. Ils ont une petite pointe dure sur leur bec, qu'on appelle « un diamant », et ils s'en servent pour casser leur coquille quand ils veulent sortir. Mais je me demande...

- Oui ?

- Je me demande comment ils font pour entrer dans l'œuf sans casser la coquille !

Comment un monstre fait-il pour compter jusqu'à 19 ? (Il compte ses doigts !)

Un touriste visite une tribu au fin fond de l'Afrique, et discute avec le chef local.

– Y a-t-il encore des cannibales mangeurs d'hommes ici ?

Le chef éclate de rire :

– Non, bien sûr que non, voyons ! J'ai mangé le dernier cannibale il y a un mois.

Août

Un petit garçon fait le tour du jardin sur son vélo et il prend de plus en plus de risques.

1er tour : Regarde ça, maman ! Sans baisser la tête !

2e tour : Regarde ça, maman ! Sans les pieds !

3e tour : Regarde ça, maman ! Sans les mains !

4e tour : Regarde fa, maman ! Fans les dents !

Un horloger voit entrer dans son magasin un homme qui tient un cheval par les rênes.

- Bonjour ! dit l'homme. Je voudrais que vous examiniez mon cheval.

- Il doit y avoir erreur, je suis horloger, pas vétérinaire !

- Justement, répond l'homme, vous trouvez normal qu'il s'arrête toutes les deux minutes ?

Dans la phrase « L'antilope est mangée par le lion »,
où est le sujet ?
(Dans le ventre du lion !)

- Maman, je te ramène une surprise de l'école !
- Ah oui, et qu'est-ce que c'est ?
- Des poux !

Histoire drôle

6
Août

Le père de Julie est en colère.

– Non mais ! Tu as vu tes notes !
Tu crois que ta copine Vanessa
ramène des 0 sur 20 à ses
parents, elle ?

Julie réfléchit un instant.

– Non, mais elle, ce n'est pas la
même chose, ses parents sont
intelligents.

Histoire drôle

7
Août

– Et votre fils, que devient-il ?

– Oh ! il est en prison pendant une
semaine.

– En prison ! Pourquoi ça ?

– Il a jeté des tomates sur la
voiture de son voisin.

– Des tomates ? Ce n'est pas
bien, mais ce n'est pas une raison
pour le mettre en prison !

– C'est-à-dire... c'étaient des
tomates en boîtes de conserve...

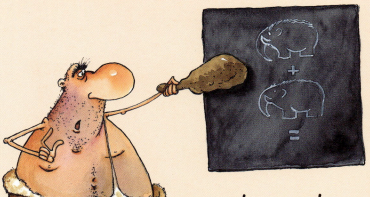

La maîtresse interroge Willy.

- Willy, nous allons voir si tu as bien révisé. Dis-nous ce que tu sais des hommes préhistoriques.

- Euh... Les hommes préhistoriques avaient des enfants très chanceux.

- Très chanceux ? Pourquoi ça ?

- Parce que l'école n'avait pas été inventée !

Histoire drôle

8

Août

Au restaurant :

- Garçon ! Il y a une mouche dans ma soupe !

Le garçon s'approche et lui dit tout bas :

- Restez discret et je ne vous la ferai pas payer en supplément !

Histoire drôle

9

Août

Histoire drôle

10

Août

Un enfant dit à son copain :
- J'ai très mal à la tête, je ne sais pas quoi faire.
- Moi, dit l'autre, quand j'ai eu mal à ma dent, il a fallu l'arracher...

Histoire drôle

11

Août

- Hervé, douze bouteilles de limonade à un euro chacune, combien ça fait ?
- À la maison, ça fait trois jours, maîtresse.

La maîtresse interroge un élève.
- Willy, dis-nous un peu ce que tu sais des hommes préhistoriques.
- Euh... pas grand-chose, ils ne viennent jamais près de chez moi !

Deux écoliers discutent.
- Tu as compris, toi, le contrôle de maths ?
- Pffft ! tu parles, j'ai rendu une feuille blanche, j'ai rien su écrire.
- Oh, non ! Moi aussi, j'ai rendu une feuille blanche, la maîtresse va croire que j'ai copié sur toi !

Le juge demande au prisonnier : « Pourquoi vous a-t-on arrêté ? »
- Parce que je ne courais pas assez vite !

- François, la maîtresse me dit que tu copies sur ton voisin tout le temps ! Et en plus, tu ramènes toujours des mauvaises notes !!!
- C'est vrai, papa, mais je regrette...
- Tu regrettes quoi ?
- Je regrette que Jérémy, mon voisin, soit aussi nul !

Un homme est conduit d'urgence à l'hôpital parce qu'il vient de se faire piquer par deux cents abeilles.
- Ne vous inquiétez pas, dit le médecin à son arrivée. Je vais juste vous faire deux petites piqûres !

Sur une route de campagne, un automobiliste écrase une poule. Il s'arrête et décide d'emporter la poule à la ferme la plus proche pour la rembourser. Il se présente au fermier et demande :
- Cette poule est à vous ?
Le fermier hésite.
- Elle ressemble à une de mes poules, c'est vrai... mais non, mes poules ne sont pas aussi plates !

Devinette

18

Août

Qui est gorgé de liquide, mais n'est pas dans l'eau, porte une couronne, mais n'est pas roi, et porte des écailles mais n'est pas un poisson ?
(Un ananas !)

Un enfant est perdu dans un supermarché. Il va voir une caissière et demande :
- Vous n'auriez pas vu une dame toute seule sans son fils ?

Histoire drôle

19

Août

Histoire drôle

20

Août

Un cannibale demande à un autre cannibale :
- Toi, tu manges les frites avec les doigts ?
- Non, moi, je mange les doigts d'abord !

- Qu'est-ce qui t'arrive, Tomy ? Tu es tout bizarre !

- Un peu ! J'ai bu toute l'encre de mon stylo ! Tu crois que c'est grave ?

- J'sais pas ! Mais si tu ne veux pas être malade, t'as qu'à avaler un effaceur !

Un grand-père raconte à son petit-fils :

- Un jour, j'étais en bateau sur le Nil, en Égypte, je regardais tranquillement les pyramides quand j'ai été attaqué par vingt-cinq énormes crocodiles. Je les ai tous battus !

- Mais... Papi, tu m'as déjà raconté cette histoire l'an passé, et il n'y avait que dix crocodiles !

- Euh.. Hum, hem, oui mais... c'est parce que tu étais trop jeune pour connaître la vérité !

La maîtresse dicte :

« Les gros poissons mangent des poissons plus petits. »

- Maîtresse ! Ça veut dire que des requins peuvent manger des sardines ?

- Exactement, Bastien.

- Mais... Comment ils font pour ouvrir les boîtes ?

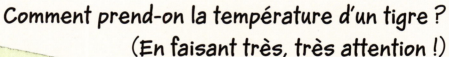

Comment prend-on la température d'un tigre ?
(En faisant très, très attention !)

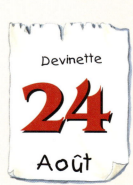

Histoire drôle

25

Août

Loïc rentre de l'école.

- Papa, Arnaud m'a dit que je te ressemblais !

- Ah ? Et qu'est-ce que tu lui as répondu ?

- Rien, je ne pouvais pas lui casser la figure, il est plus fort que moi.

Le père de Tony s'étonne de ne pas avoir encore eu le livret scolaire de son fils.

- Tony, la maîtresse ne vous a pas encore rendu vos livrets ?

- Si, si, mais j'ai prêté le mien à Pierre pour qu'il fasse peur à son père !

Histoire drôle

26

Août

Un enfant entre dans une épicerie et demande pour un euro de bonbons.

L'épicier n'en vend pas souvent, alors il range les bonbons tout en haut d'une étagère, et il est obligé de prendre une échelle pour les atteindre. Il sort donc l'échelle, y monte, prend pour un euro de bonbons, descend, range l'échelle et donne les friandises au gamin. Un autre enfant entre cinq minutes plus tard et demande lui aussi un euro de bonbons.

– Eh bien ! dit l'épicier, c'est le jour, décidément ! Il ressort donc l'échelle, y remonte, reprend pour un euro de bonbons. Juste avant qu'il redescende, un troisième enfant entre dans la boutique.

– Et toi, demande l'épicier, tu veux aussi pour un euro de bonbons ?

– Non, monsieur, répond le gamin.

– Parfait.

Il descend de l'échelle, la range, donne ses bonbons au deuxième enfant et demande au nouveau venu :

– Alors, jeune homme, qu'est-ce que ce sera pour toi ?

– Deux euros de bonbons, s'il vous plaît.

Un petit garçon demande à son papa :
– Papa, tu sais écrire dans le noir ?
– Oui, bien sûr, et sans fautes d'orthographe, en plus !
– Très bien ! Je vais éteindre la lumière et tu signeras mon carnet de notes...

Chez le dentiste, une maman supplie sa petite fille :
– Allons, Mélanie, sois sage, dis « AAAA ». Allons, « AAAA », sois gentille. Mélanie, s'il te plaît, ouvre la bouche pour que le monsieur puisse enlever ses doigts !

Dans un château écossais, le jeune Angus reçoit chaque soir la visite d'un fantôme, avec lequel il est très ami.

Cette fois, Angus dit au fantôme :

– Hé, fais attention, tu viens de perdre ton mouchoir !

– Oh ! merci, répond le fantôme, mais ce n'est pas mon mouchoir, c'est mon petit frère !

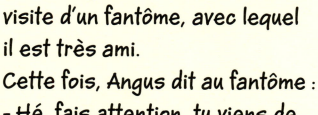

À la poste :

– Bonjour, madame, je voudrais dix timbres à combien.

– À combien ?

– Oui, c'est ça.

Septembre

– Montre-moi les champignons que tu as ramassés, Tony.

– Pourquoi ?

– Pour voir s'il n'y en a pas qui sont dangereux à manger, voyons !

– Oh ! Je ne les ai pas ramassés pour les manger, mais pour les vendre !

Histoire drôle

1

Septembre

Histoire drôle

2

Septembre

Premier jour de grande école pour Mathieu, qui rentre tout joyeux.
– Alors, lui demande sa maman, c'était bien, l'école des grands ?
– Oh oui, super ! Mais pourquoi est-ce que c'est aussi long entre les récréations ?

– Qu'est-ce qu'il y a, Mélanie ? Tu en fais une tête ce matin !
– C'est que je me suis fait piquer par une guêpe, maîtresse.
– Où ça ?
– Je ne peux pas le dire, maîtresse.
– Bon, ça ne fait rien, va t'asseoir à ta place.
– Ça non plus je ne peux pas, maîtresse...

Histoire drôle

3

Septembre

Histoire drôle

4

Septembre

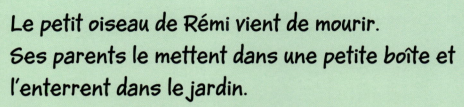

Le petit oiseau de Rémi vient de mourir.

Ses parents le mettent dans une petite boîte et l'enterrent dans le jardin.

Rémi se gratte la tête et demande :

– Maman, tu crois qu'il va repousser ?

– Docteur, je ne comprends pas, tout le monde dit que je ne sens pas bon.

– Avez-vous essayé de vous laver ?

– Oui, bien sûr, mais au bout d'un mois, ça recommence !

Histoire drôle

5

Septembre

HORREUR :
Les stylos vampires sucent
de l'encre rouge.

Une jeune fille discute avec sa mère.

- J'ai rencontré un garçon.

- Ah ?

- Il est très gentil et attentionné, et n'arrête pas de me dire que je suis belle.

- Comment ? J'espère que tu ne vas pas continuer à voir un type qui commence déjà à te mentir !

Histoire drôle
8
Septembre

– Maman, papa répare le toit, et j'ai fait tomber l'échelle !
– Et papa t'a puni, j'espère !
– Bah non, pas encore, il est toujours coincé sur le toit !

La maîtresse :

– Kevin, je ne comprends pas comment tu as pu donner un coup de pied dans le ventre de Thomas ! C'est très dangereux !

Histoire drôle
9
Septembre

– Mais ce n'est pas de ma faute, maîtresse.
– Comment ça ? Tu donnes un coup de pied sans le faire exprès, maintenant !?
– Mais oui, je voulais lui donner un coup de pied aux fesses, mais il s'est retourné !

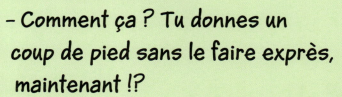

Un homme descend d'un taxi.

- Je vous dois combien ?

- 20 euros, monsieur.

L'homme cherche dans ses poches et ne parvient à réunir que 19 euros 50.

Il réfléchit quelques secondes et demande au chauffeur :

- Vous ne pourriez pas faire marche arrière pour 50 centimes ?

ACCIDENT :

M. Oreille est resté collé au téléphone.

12 Septembre

Une maman va au restaurant avec ses enfants.

- Les enfants, vous voulez une petite devinette ?

- Oh oui, maman !!!

- Savez-vous quelle est la différence entre de l'eau et du cola ?

- Non, maman.

La maman se tourne alors vers le serveur.

- C'est bon, nous prendrons de l'eau pour tout le monde, alors.

Un patron en colère convoque un de ses employés dans son bureau.

- Hier, vous m'avez dit que vous vouliez un jour de congé pour aller voir votre dentiste, et on vous a vu au stade, vous regardiez le match de rugby !

- Je ne vous ai pas menti : mon dentiste, c'était l'arbitre du match !

13 Septembre

– Louis, combien font 2+2 ?

– Quatre, maîtresse.

– Très bien, tu auras quatre bonbons.

– Zut, si j'avais su, j'aurais dit « cinq » !

Un voleur cambriole une maison. En passant devant une chambre, il entend une petite voix qui dit :

– Surtout, n'oubliez pas de voler mon cartable !

16
Septembre

L'infirmière demande au malade :
- Est-ce que vous pourriez vous lever et sauter sur votre lit pendant une minute, s'il vous plaît ?
- Sauter sur mon lit ? Mais pourquoi ?
- Eh bien, j'ai oublié d'agiter le flacon avant de vous donner votre médicament !

Deux fous veulent s'évader de l'asile.
- Bon, c'est simple, dit l'un. Tu vas aller voir la barrière à l'entrée. Si elle est haute, on passera en dessous, et si elle est basse, on passera par-dessus, compris ?
- Compris ! J'y vais.
Un instant plus tard, le fou revient.
- On ne peut pas s'échapper ! Il n'y a pas de barrière !

17
Septembre

– Moi, quand je serai grande, dit une petite fille à un petit garçon, je me marierai avec toi.

- Oh, j'aimerais bien, dit le petit garçon, mais ça ne sera pas possible, car chez nous on ne se marie qu'avec des gens de la famille. Mon papi a épousé ma mamie, mon tonton a épousé ma tata, et mon papa a épousé ma maman !

SPORT : Le léopard a gagné le marathon de la jungle. Les autres concurrents, un lapin, deux gazelles et un zèbre, ont tous disparu au cours de la course. Les recherches continuent.

Un chameau demande
à un dromadaire :
– Pourquoi tu n'as
qu'une bosse, alors
que moi, j'en ai deux ?
– Facile ! C'est parce que je ne me
suis cogné qu'une seule fois !

Pourquoi les gorilles ont-
ils de grosses narines ?
(Parce qu'ils ont de gros
doigts !)

Un homme va se plaindre au gardien de son immeuble.

- Je voudrais vous signaler que mes voisins d'en dessous n'ont pas cessé de donner des coups au plafond pendant une bonne partie de la nuit !

- Ils vous ont réveillé ?

- Non, heureusement, à ce moment-là, je jouais de la trompette !

- Leila ! Le lait a débordé !

- Oui, maman.

- Mais tu étais là ! Je t'avais pourtant demandé de surveiller ta montre !

- J'ai bien surveillé, maman, ça fait exactement 3 minutes et 38 secondes que le lait a débordé !

Histoire drôle

24

Septembre

Avant de quitter l'hôtel, un voyageur se plaint au directeur.
- J'ai trouvé un scarabée mort dans mon lit !
- Vous avez l'air bien fâché, pour un pauvre scarabée.
- Le problème, c'est que tous ses copains étaient venus à l'enterrement !

Le jour de la rentrée des classes, la maîtresse donne un petit questionnaire à remplir, mais Michaëla a quelques soucis avec la première question : « Nom des parents ».
Elle réfléchit longuement, et finit par écrire :
« Papa et maman ».

Histoire drôle

25

Septembre

Qui aime se faire piquer par les moustiques ?
(Un fakir.)

Alex ne veut pas prendre sa douche.
– Viens, Alex, il faut être propre quand on est grand comme toi.
– Normal que je sois grand, tu m'arroses tout le temps !

Deux hommes font un safari dans la savane africaine. Soudain, au détour d'un buisson, ils se trouvent nez à nez avec un rhinocéros.

L'un des deux hommes ramasse une pierre, la lance de toutes ses forces au rhinocéros et va se cacher derrière un arbre. Le rhinocéros est furieux, il charge.

Celui qui a lancé la pierre dit à l'autre :

- Viens ! Viens vite te cacher aussi !

- Pas la peine, il a bien vu que c'est toi qui avais jeté la pierre !

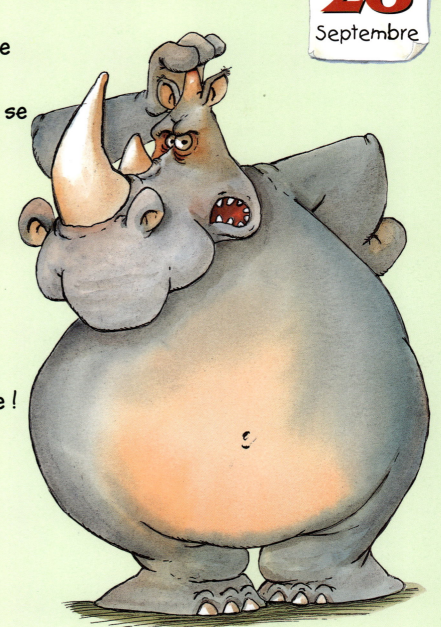

Histoire drôle

29
Septembre

Combien j'ai de billes dans la main ?

– Maman, si tu me dis combien j'ai de billes dans la main, je te les donne toutes les six.

Devinette

30
Septembre

Que dit une mouche quand elle voit une abeille pour la première fois ?
(« Tiens, t'as mis un pull-over ? »)

– Mélanie, il pleut, tu veux bien descendre fermer la porte de la grange ?

– Oh, c'est toujours moi ! En plus, ça ne va servir à rien !

– Ne discute pas ! Il pleut, il faut fermer cette porte !

Mélanie va donc fermer la porte de la grange. Quand elle revient, elle dit :

– Tu vois, ça n'a servi à rien ! Il pleut toujours !

Octobre

Une petite souris est cachée au fond de son trou. Elle sait que le chat la guette à l'entrée.

Soudain, elle entend un chien aboyer.

« Si le chien est là, se dit-elle, le chat est parti se cacher. »

Elle décide de sortir de sa cachette. Alors, le matou bondit sur elle et l'attrape entre ses pattes.

– Tu vois, ma petite, dit-il, j'ai toujours été très bon en langues étrangères !

Histoire drôle

2

Octobre

– Louis ! Je t'ai déjà dit cent fois de ne pas jeter de pierres !

– C'est pas ma faute, c'est lui qui a commencé !

– La prochaine fois, appelle-moi, ça vaut mieux !

– Mais maman, tu vises beaucoup moins bien que moi !!!

Histoire drôle

3

Octobre

4

Octobre

La maîtresse demande à Véronique :
- Comment se fait-il que tu arrives tout le temps en retard à l'école ?
- C'est à cause du panneau, maîtresse.
- Le panneau ? Quel panneau ?
- Celui qui est dans la rue, et où il est écrit : « Attention, école ! Ralentir. »

Un homme s'aperçoit qu'il y a une mouche dans son vin.
Il la sort de son verre et dit :
– Recrache ce que tu as bu !

5

Octobre

Histoire drôle

6 Octobre

Un chirurgien rend visite au malade qu'il vient d'opérer.

- Eh bien, j'ai deux nouvelles à vous annoncer, une bonne et une mauvaise. La mauvaise, c'est que votre accident était très grave, et qu'il a fallu vous couper les pieds. La bonne, c'est que je veux bien vous racheter vos chaussures, elles me plaisent beaucoup !

Histoire drôle

7 Octobre

Un petit garçon aborde un passant dans la rue.

- Bonjour, monsieur, voudriez-vous, s'il vous plaît, aller caresser ce chien sur le trottoir, là-bas ?
- Je veux bien, dit l'homme. Pourquoi ?
- Oh, j'aimerais juste savoir s'il mord !

Un bateau de pirates ivres veut attaquer le bateau du roi.
Le capitaine lance les ordres.
A... All... Allu...Allumez les m...m...m...
mèches des ca...ca...canons !
Les pirates, aussi ivres que leur
capitaine, répondent :
Bi... bi... bien, capi... capipi... capitaine !
F... F... Feu !
Et les canons font :
B...B... Bou...boubou...BOUM !

Histoire drôle

8

Octobre

Une petite fille s'approche d'un chien,
qui, tout content, lui lèche la figure.
- Il ne t'a pas mordue ? s'inquiète sa
maman.
- Non, il m'a seulement
goûtée !

Histoire drôle

9

Octobre

10
Octobre

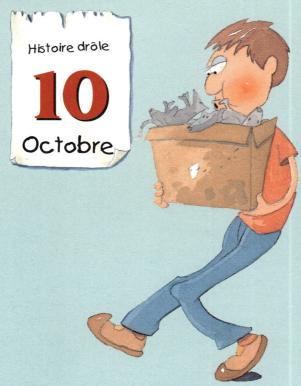

Un homme rentre chez un marchand d'animaux.

- Bonjour ! Je voudrais acheter 38 rats, 45 souris et 8 araignées noires, s'il vous plaît.

- C'est pour une expérience scientifique ?

- Non, c'est que je déménage, et mon propriétaire m'a demandé de lui rendre l'appartement dans l'état où je l'ai trouvé en arrivant !

11
Octobre

M. Coq et Mme Poule admirent les coquetiers dans la vitrine d'un magasin.

- Qu'ils ont de jolis berceaux ici ! s'exclame Mme Poule, tout attendrie.

Dans un vieil hôtel, un client vient se plaindre au directeur.

- Il y a des souris dans ma chambre !

- C'est impossible.

- Impossible ? Venez donc voir par vous-même !

Le client et le directeur montent dans la chambre. Le client prend un morceau de gruyère et en pose quelques miettes au milieu de la pièce. Aussitôt, quatre souris viennent grignoter le gruyère, et, en quelques secondes, il ne reste plus rien.

Histoire drôle

12

Octobre

- Vous avez vu ?

- Oui, répond le directeur, j'ai vu. Mais j'ai aussi vu deux poissons rouges !

- Réglons d'abord le problème des souris, nous parlerons ensuite de la fuite d'eau dans la salle de bains.

Un fou rigole tout seul. Son copain trouve ça bizarre.
- Qu'est-ce qui te prend ?
- Rien, rien, je me raconte des histoires, et celle-là, je ne la connaissais pas !

Une petite fille revient d'une visite à la ferme.
- Papa, à la ferme, j'ai vu des cochons qui parlent comme toi quand tu dors !

Un gardien de prison dit à un détenu :
- Demain, le juge viendra dans votre cellule.
- Ah, la police l'a enfin arrêté, lui aussi !

Dans un restaurant, un homme fâché s'adresse au serveur.
- Non mais ! Vous pourriez arrêter de tenir MON steak avec vos mains !
- Excusez-moi, monsieur, mais je n'ai vraiment pas envie de me baisser une quatrième fois pour le ramasser.

Petit Pierre va à la campagne et reste complètement fasciné par les vaches.

– Ah, ça, à la ville, vous n'en avez pas des comme ça ! lui dit le paysan. Tu les trouves belles ?

– Oh oui, répond petit Pierre, mais elles doivent coûter cher en chewing-gums !

Une grande femme entre dans un magasin de chaussures.

– Bonjour ! Je voudrais des chaussures à talons très plats.

– Bien sûr, madame. C'est pour porter avec quoi ?

– Euh... un mari très petit.

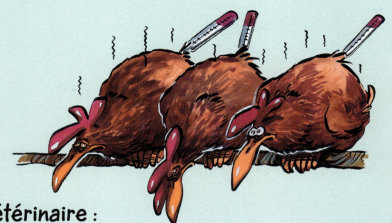

Un fermier appelle le vétérinaire :

– Vite, docteur, venez, mes poules ont de la fièvre !

– Beaucoup ?

– Oui, je crois : elles pondent des œufs durs !

Une dame demande au marchand de légumes :

– Donnez-moi 1 kilo de pommes de terre, s'il vous plaît.

– Des grosses ou des petites ?

– Oh, des petites, ce sera moins lourd à porter !

Pomme de terre EXTRA...

— Puis-je essayer cette robe verte dans la vitrine ? demande une cliente.

— Mais voyons, madame, s'écrie la vendeuse, nous avons des cabines d'essayage !

Deux poules regardent un film à la télé, où des gens mangent un poulet rôti. Une des deux s'écrie :

— J'adore les films d'horreur !

Dans le désert, une petite souris et un éléphant font la course.

Soudain, la petite souris se retourne et s'écrie joyeusement :

- C'est fou ce qu'on fait comme poussière, tous les deux !

Un enfant se réveille et dit à son papa :

- Cette nuit, j'ai rêvé que j'allais à la piscine, que je nageais et que je prenais une douche en sortant.
- C'est un très beau rêve, ça.
- Oui, et je n'ai pas besoin de prendre une douche ce matin, vu que je l'ai prise dans mon rêve !

Comment les savonnettes
arrivent-elles à maigrir ?
(En prenant deux bains par jour.)

– Docteur, je suis tombé et j'ai
très mal au dos.
– Où ça ? C'est près des
vertèbres ?
– Non, près de la gare.

Que fait une puce qui gagne
à la loterie ?
(Elle s'achète un énorme chien !)

28 Octobre

Un artiste se présente au directeur d'un cirque.

- J'ai un numéro formidable à vous proposer : je monte sur une échelle jusqu'à dix mètres, puis je saute dans le vide. En bas, il y a une bouteille, et moi, je plonge dans la bouteille !

- Mmmh... vous vous moquez de moi ? Il y a forcément un truc !

- Bien sûr qu'il y a un truc. Je mets un entonnoir sur la bouteille pour pouvoir entrer plus facilement !

29 Octobre

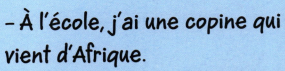

- À l'école, j'ai une copine qui vient d'Afrique.

- Et tu sais où c'est, l'Afrique ?

- Non, mais ça ne doit pas être loin, parce qu'elle rentre chez elle tous les midis.

– Bonjour, monsieur l'agent, je voudrais savoir quel bus va à la tour Eiffel ?

– Prenez le bus n°28.

– Merci !

Deux heures plus tard, l'agent repasse, et l'homme est toujours à l'arrêt de bus.

– Ça, alors ! Vous êtes encore là, vous ?

– Bah oui ! vous m'avez dit bus n°28, et il n'y en a que 26 qui sont passés.

– Dis, Juju, le chat, c'est un mâle ou une femelle ?

– Un mâle.

– Et comment tu le sais ?

– Facile : il a des moustaches !

Une girafe entre dans une mercerie.
– Bonjour ! Je voudrais 200 pelotes
de laine !
– Tout ça ! s'exclame la vendeuse.
– Oui, c'est pour me tricoter
une écharpe.

Novembre

– Docteur, chaque fois que je bois ma tasse de café le matin, j'ai très mal à l'œil droit.

– Mmmh... Étrange... Pouvez-vous me montrer ça ?

Le médecin sert un café à son patient.

Le patient met deux sucres, mélange un peu avec la cuillère et porte la tasse à sa bouche.

– Ouille ! Vous voyez, ça me fait mal, là.

Le médecin sourit :

– Vous devriez essayer en enlevant la cuillère de la tasse, avant de boire...

Que dit un lion qui voit un tigre ?
(C'est ça, un zèbre ?)

– Garçon ! Vous appelez ça du bouillon de poule !? On dirait de l'eau, ça n'a aucun goût !
– C'est-à-dire que c'est du bouillon de très jeune poule... En fait, c'est l'eau dans laquelle on a fait bouillir des œufs...

Le docteur est désolé pour sa patiente.

- Madame, je dois vous annoncer que le chien qui vous a mordue était atteint par la rage, et qu'il faut absolument vous vacciner si vous ne voulez pas la contracter vous aussi.

- Est-il possible d'attendre deux ou trois jours, docteur ? demande la dame.

- Trois jours ? Pourquoi ?

- Le temps que je fasse une petite liste des gens que je vais mordre !

Qu'est-ce qui n'a ni ailes, ni pattes, ni nageoires, ni bras, qui ne rampe pas, mais qui, dans l'eau, se sauve dès qu'on le touche ?
(Le savon !)

Histoire drôle
7
Novembre

Un enfant tombe de son lit.
Sa maman vient le relever et le recouche.
Dix minutes plus tard, l'enfant retombe de son lit.
- Eh bien, heureusement que maman est venue me relever, dit-il, sinon je me tombais dessus !

Deux enfants sortent de l'école avec leur carnet de notes catastrophique dans leur cartable.
- Aïe ! aïe ! aïe ! gémit le premier, qu'est-ce que je vais me faire disputer, ce soir !

Histoire drôle
8
Novembre

- Bof, dit le second, moi, depuis que j'ai trouvé le vieux carnet de notes de mon père à mon âge, je ne crains plus rien !

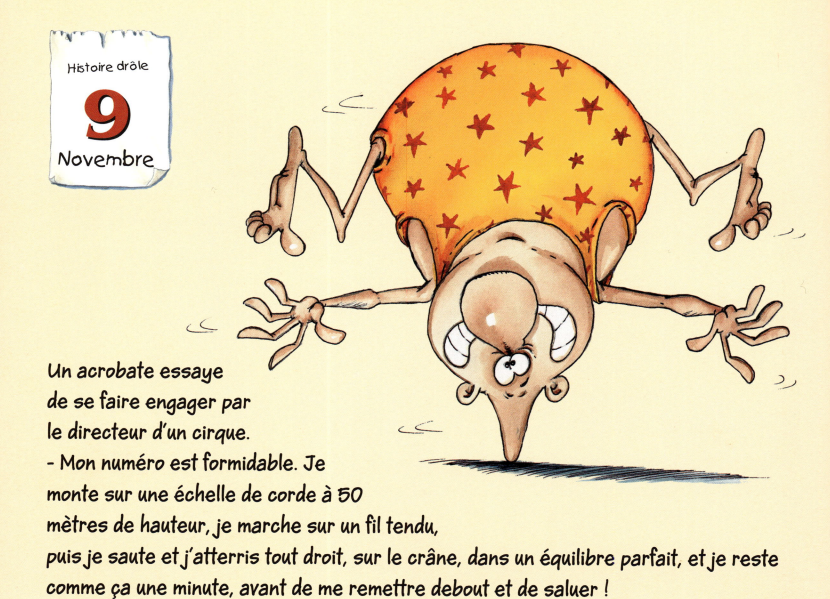

Un acrobate essaye
de se faire engager par
le directeur d'un cirque.

- Mon numéro est formidable. Je
monte sur une échelle de corde à 50
mètres de hauteur, je marche sur un fil tendu,
puis je saute et j'atterris tout droit, sur le crâne, dans un équilibre parfait, et je reste
comme ça une minute, avant de me remettre debout et de saluer !

- Impressionnant ! Et vous ne vous faites pas mal ?

- Pas du tout !

- Hum... je vous engage ! Dans votre grosse valise, là, ce sont vos accessoires ?

- Non, juste quelques affaires et 2000 tubes d'aspirine.

Un jeune garçon vient de voler une poule. Il commence à la plumer au bord de la rivière, quand il entend quelqu'un arriver. Ne sachant que faire, il jette la poule à l'eau.

Un fermier arrive et le regarde d'un air soupçonneux.

- C'est vous qui m'avez volé ma poule ! s'écrie le paysan. Toutes ces plumes à vos pieds, c'est quoi !?

- Oh, ça ? Ce n'est rien, c'est un poulet qui voulait se baigner et qui m'a demandé de garder ses affaires !

Un chirurgien s'apprête à opérer une dame. Au moment où il va l'endormir, elle lui dit en riant :

- Enlevez votre masque, je vous ai reconnu !

Un homme va à la gendarmerie.

– Bonjour ! Je viens déclarer la perte de mon perroquet, qui s'est sauvé hier soir.

– Très bien, nous allons noter ça.

– Notez aussi que ce n'est pas moi qui lui ai appris tous ces gros mots !

Un avaleur de sabres entre dans une armurerie.

– Bonjour, je voudrais acheter le beau sabre, dans la vitrine, s'il vous plaît.

– Bien, monsieur. Je vous fais un emballage cadeau ?

– Inutile, c'est pour manger tout de suite.

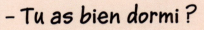

– Tu as bien dormi ?
– Comment veux-tu
que je le sache, j'ai
dormi tout le temps !

Pourquoi ne doit-on jamais
aller dans la savane en été ?
(Parce que les éléphants
s'entraînent à sauter
en parachute.)

Qu'est-ce
qu'il tombe
aujourd'hui!

Pourquoi les crocodiles sont-ils plats ?
(Parce qu'ils se sont promenés dans la
savane en été !)

Histoire drôle

16

Novembre

– J'ai une bonne et une mauvaise nouvelle à t'annoncer.

– Ah ? Bah... commence par la mauvaise nouvelle, alors.

– La mauvaise nouvelle, c'est que je ne me souviens plus de la bonne.

Quand un chameau peut-il avoir trois bosses ?

(Quand il s'est cogné contre un palmier.)

Devinette

17

Novembre

Histoire drôle

18

Novembre

Une petite fille regarde deux mouettes qui volent au-dessus de la mer.

– Tu sais, papa, les mouettes, il faut qu'elles s'accrochent très très fort à leurs ailes pour ne pas tomber dans l'eau !

– Garçon ! Avez-vous du café froid, dans cet établissement ?
– Oui, monsieur.
– Très bien. Faites-m'en chauffer une tasse.

Un homme entre dans une pharmacie.
– Bonjour ! Je voudrais de... de... heu... de l'acide acétylsalicylique.
Le pharmacien prend son dictionnaire, jette un œil et dit :
– Ah oui ! vous voulez de l'aspirine, quoi.
– Ah ! aspirine, c'est ça.
Je n'arrive jamais à retenir ce nom !

Le maître se fâche.

- Comment se fait-il que tu arrives en retard tous les matins ?

- C'est parce que je n'arrive pas à me réveiller tôt.

- Comment ? Tu veux dire que chez toi AUSSI, tu dors ???

- Ma fille, dit une maman mouche à son enfant, tu sais, tu dois te méfier des humains, ils ne nous aiment pas du tout.

- Ah bon !? Pourtant, chaque fois qu'ils me voient, ils applaudissent !

Histoire drôle

23

Novembre

– Maman, à l'école, on a étudié un morceau de poumon au microscope.

– Ah oui ? Et de quel animal ?

– Ben, il était si petit que ça devait être un poumon de moustique !

Histoire drôle

24

Novembre

– Tu ne me croiras jamais : j'ai vu deux éléphants qui volaient au-dessus de ta maison !

– Oh, c'est normal ! Ils ont fait leur nid dans le grand arbre du jardin.

Histoire drôle

25

Novembre

– Maman, tu serais contente que je te raconte une histoire ?

– Bien sûr, mon chéri.

– Eh bien, voilà : Il était une fois... euh...

– Oui ?

– Il était une fois un très gentil petit garçon qui euh... qui avait cassé le vase préféré de sa maman sans le faire exprès...

La maîtresse demande à Marlène :

– Sais-tu pourquoi il y a un trou au fond des pots de fleurs ?

– Euh... oui, c'est pour prendre la température des plantes.

Histoire drôle

26

Novembre

- Papa ! La télécommande a la varicelle !
- Qu'est-ce que tu racontes ?
- Regarde ! Elle a plein de boutons !

Histoire drôle

27

Novembre

C'est l'été, un berger ramène ses moutons à la bergerie.
- Quelle chaleur !
- C'est bien vrai, dit le chien qui garde les moutons.
- Bah, ça alors ! s'exclame le paysan. Un chien qui parle, je n'ai jamais vu ça !
- Nous non plus, répondent les moutons.

Histoire drôle

28

Novembre

Un homme est bien malheureux.

- J'ai raté mes deux mariages, dit-il.

Pour le premier, mon épouse est partie.

- Et pour le deuxième ?

- Elle est restée !

Deux anges discutent.

- Quel temps fera-t-il demain ?

- Nuageux.

- Ah, tant mieux, on va enfin pouvoir s'asseoir !

Décembre

Une marmotte éteint sa télévision à la veille de l'hiver et va se coucher.

- Quand dois-je te réveiller ? demande le chamois, son ami.

- Nous sommes le 20 décembre... Réveille-moi le 21 mars, à 7 heures du matin.

Un monsieur fait un régime pour perdre du poids.

- Docteur, c'est horrible, ce régime. Chaque nuit, je rêve que je mange un gros plat de spaghettis au beurre !
- Ce n'est rien, répond le médecin, c'est normal de rêver de nourriture lorsque l'on a faim.
- Oui, mais chaque matin, mes lacets de chaussures ont disparu !

- Théo, peux-tu nous dire pourquoi les chalets de montagne sont construits en bois ?
- Euh... parce qu'on a utilisé toutes les pierres pour construire les montagnes, maîtresse ?

Pourquoi les mille-pattes ne jouent jamais au foot ?
(Parce que, le temps de mettre leurs chaussures,
le match est déjà fini !)

Un enfant visite le zoo avec sa tante.
- Oh, tata ! Regarde le gorille, il te ressemble beaucoup !
- Petit malpoli ! Vas-tu cesser de dire des idioties !?
- Ne t'inquiète pas, le gorille ne sera pas vexé, il ne comprend pas !

- Qu'est-ce qui est vert et qui a la chair de poule ?
- Un monstre ?
- Non, un cornichon !

Deux copains discutent.
- Pour une fois, hier, papa a ramené des fleurs et des chocolats pour maman, il a fait la vaisselle en arrivant à la maison, il lui a préparé un thé et lui a demandé de bien se mettre à l'aise dans le canapé pendant qu'il préparait le repas du soir.
- Pourquoi ? Elle est malade ?
- Non. Il avait juste envie qu'elle ne se fâche pas quand il lui annoncerait qu'il avait détruit la voiture dans la journée...

Petite annonce

8

Décembre

EXAMEN :

M. Dragon n'a pas eu son diplôme de pompier.

Histoire drôle

9

Décembre

Un élève rentre de l'école, très fâché.

– Maman, j'ai raté ma dictée pour cause de maladie.

– Maladie ? s'inquiète la maman. Que t'est-il arrivé ?

– À moi rien, mais Lucas était absent pour cause de grippe, alors je n'ai pas pu copier les mots sur lui !

Un homme aperçoit un jeune garçon qui tourne autour d'une bouche d'égout en disant : « 25, 25, 25, 25, 25... »
Et cela dure plusieurs minutes.
L'homme s'approche et dit :
– Que fais-tu, mon garçon, à tourner comme ça ?
– Regardez dans le trou, dit le garçon.
L'homme s'approche.
– Je ne vois rien.
Et là, le garçon le pousse dans la bouche d'égout et reprend sa ronde :
« 26, 26, 26, 26... »

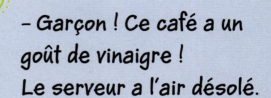

– Garçon ! Ce café a un goût de vinaigre !
Le serveur a l'air désolé.
– Excusez-moi, monsieur, on a dû vous donner un thé. Ici, le café a un goût de liquide vaisselle !

Histoire drôle
12
Décembre

Sur une plage, un homme demande :
- Bonjour ! Je voudrais savoir s'il y a des requins dans cette mer ?
- Non, pas de requins.
- Vous en êtes sûr ? demande l'homme en plongeant.
- Oui, pas de requins, juste des crocodiles.

Le maître écrit un mot au tableau.
- Inès, peux-tu nous lire ce mot ?
- Euh... je crois que c'est... euh... je n'y arrive pas, maître, mais je vous assure que je l'ai sur le bout de la langue.
- Eh bien, si tu l'as sur le bout de la langue, recrache-le très vite, parce que c'est le mot « poison » !

Histoire drôle
13
Décembre

14

Décembre

15

Décembre

M. Jean dîne tous les jours dans le même restaurant de luxe. Il appelle le serveur.

– Jeune homme, quel est le plus gros pourboire que l'on vous ait donné, jusqu'à présent ?

– 100 euros, M. Jean.

– Très bien. Tenez, voici 200 euros de pourboire, comme ça vous pourrez dire à tous que c'est moi qui vous ai donné le plus gros pourboire.

– Merci, monsieur.

– Maintenant : qui vous avait donné les 100 euros de pourboire ?

– C'était vous, monsieur.

– Papa, j'ai failli être premier de la classe !

– Ah ? C'est très bien ! Tu as été deuxième ?

– Non, je suis quinzième, mais le premier, c'est Yanis, qui est assis juste à côté de moi !

Une maman fait des recommandations à sa petite fille :

– Pour aller à la boulangerie, tu dois traverser la rue.
Avant de traverser, tu regardes à droite
et à gauche, et, surtout, tu laisses les voitures passer, d'accord ?

– Oui maman.

Une demi-heure plus tard, la petite fille n'est pas encore rentrée.
La maman est inquiète. Elle regarde à la fenêtre et voit sa petite fille,
sur le trottoir, qui regarde à droite, à gauche, à droite, à gauche, à droite,
à gauche, etc.

La maman ouvre la fenêtre et demande :

– Eh bien, qu'est-ce que tu attends
pour aller chercher le pain ?

– Moi, je veux bien, mais il n'y a
aucune voiture à laisser passer depuis tout à l'heure !

Deux voisins discutent.

- Pfff ! J'en ai assez de passer la tondeuse tous les week-ends pour avoir une pelouse bien verte ! C'est très fatigant.

- Ah ? Moi, j'ai trouvé une solution pour avoir un gazon bien vert sans jamais passer la tondeuse !

- Comment faites-vous ça ?

- C'est simple : j'ai enlevé tout le gazon et la terre, et j'ai posé de la moquette verte dans mon jardin !

- Vous avez eu du beau temps pendant votre mois de vacances en Norvège ?

- Superbe ! Il n'a neigé que deux fois. La première fois pendant une demi-journée, et la seconde fois pendant 29 jours.

Lequel de ces quatre
éléphants conduit ?
(Celui qui a le permis.)

Deux enfants regardent un western à la télé.

– Je te parie deux sucettes que l'Indien va assommer le cow-boy par surprise.

– Pari tenu !

À la fin du film, l'Indien assomme bien le cow-boy.

– Tiens, voilà tes sucettes, dit l'enfant qui a perdu son pari.

– Non, je ne peux pas accepter, car j'ai triché : j'avais déjà vu ce film une fois.

– Oui, moi aussi, mais je ne pensais pas que le cow-boy serait assez bête pour se faire prendre par surprise une deuxième fois !

Deux enfants viennent de faire de la luge pendant une heure.

- Alors, vous vous êtes bien amusés ? demande leur maman. J'espère que tu as prêté la luge à ton petit frère, Pierre ?
- Oh oui ! Moi, je l'avais pour descendre, et lui, pour remonter !

Dans un café, un homme raconte :
- Je suis né un 5 mai à 5 heures 55 du matin. Le jour de mes 55 ans, j'ai acheté le billet n°555 à la loterie nationale, et j'ai gagné 5 millions 555 mille 555 euros. Je suis alors allé au champ de courses, et j'ai tout joué sur le cheval n°5 de la 5ᵉ course.
- Formidable ! Et combien avez-vous gagné ?
- Rien. Le cheval n°5 est arrivé 5ᵉ.

Le directeur d'un asile de fous veut tester quatre de ses patients.

Il dessine une porte sur un morceau de papier et regarde ce que font ses malades. Trois d'entre eux essayent d'ouvrir la porte dessinée, tandis que le quatrième se contente de sourire.

- Qu'est-ce qui vous amuse ? demande le médecin.

- Ils ne pourront pas ouvrir cette porte, ils sont fous !

- Pourquoi dites-vous ça ?

- Parce que les clés sont chez moi !

Qu'est-ce qui a 4 pattes et 64 dents ?
(Un crocodile.)

Un chasseur est en vacances en Afrique. Il veut ramener des chaussures en peau de crocodile à son épouse.

– Je vais aller chasser le croco moi-même, dit-il en prenant son fusil.

En fin de soirée, il rentre de la chasse avec huit crocodiles dans sa camionnette.

– Bonne chasse ? lui demande un habitant.

– Pas du tout. J'ai attrapé huit crocodiles, mais aucun n'avait de chaussures !

Deux amies discutent.

– Je suis amoureuse d'un garçon, mais je ne comprends pas : à chaque rendez-vous, il m'apporte des fleurs fanées.

– Tu devrais essayer d'arriver à l'heure, non ?

Une dame promène un landau sous la neige.

– Oh, le joli bébé ! lui dit une autre dame... Mais... c'est une poupée !?

– Oui, bien entendu, dit la jeune maman. Par ce temps, vous ne croyez pas que j'allais sortir le vrai !

Trois amis vont patiner sur un lac gelé, avec une seule paire de patins qu'ils utiliseront tour à tour.

– Vas-y, William, passe en premier !

William met les patins et commence à patiner sur le lac. Ses deux amis l'observent en discutant.

– C'est gentil à toi de laisser William utiliser les patins en premier.

– Oh, je voulais seulement être sûr que la glace était assez solide !

Pourquoi les perroquets parlent-ils beaucoup moins en février ?
(Parce qu'il n'y a que 28 jours.)

Devinette

29

Décembre

Devinette

30

Décembre

Comment les ogres appellent-ils une école ?
(Un restaurant.)

Un monsieur entre dans une pharmacie :
- Bonjour! Avez-vous des lunettes ?
- Pour le soleil ?
- Non, non, pour moi.

Histoire drôle

31

Décembre